NCS기반
항공객실서비스

기내 안전관리

NCS기반
항공객실서비스

기내 안전관리

임연경 지음

CENGAGE

Andover • Melbourne • Mexico City • Stamford, CT • Toronto • Hong Kong • New Delhi • Seoul • Singapore • Tokyo

임연경 현) 제주관광대학교 항공서비스과 초빙교수
인하공업전문대학 항공운항과 졸업
제주대학교 관광개발학과 박사과정
대한항공 객실승무원 12년 근무
대한항공 웹사이트 모델

(NCS기반 항공객실서비스) 기내 안전관리

초판 1쇄 인쇄 | 2019년 2월 27일
초판 1쇄 발행 | 2019년 3월 5일

지은이 | 임연경
발행인 | 송성헌
발행처 | 센게이지러닝코리아㈜
등록번호 | 제313-2007-000074호(2007.3.19.)
주　소 | 서울시 마포구 상암산로 76 YTN 뉴스퀘어 14층
전　화 | 02) 330-7000
이메일 | asia.infokorea@cengage.com
홈페이지 | www.cengage.co.kr

ISBN-13: 978-89-6218-451-8

값 20,000원

Cover Image: Chayuth M/Shutterstock.com

머리말

이 교재는 필자가 항공운항과를 졸업하고 객실 승무원으로 12년간 근무한 후, 현재 제주 소재의 대학교 항공서비스과에서 학생들을 지도하는 과정에서, 과연 객실 승무원을 준비하는 학생들에게 꼭 필요한 교재가 무엇일까 하고 오래 고민하면서 집필하게 되었다. 객실 승무원을 준비하는 항공서비스과 학생들은 보다 생생하고 현장감 있는 기내 상황을 학습하고 싶어 하지만, 아무리 훌륭한 교내 항공 실습실이 있다고 해도 실제 기내 환경이나 기자재 보유에 대한 한계가 있다. 그래서 이를 극복할 수 있는 것은 제대로 된 교재뿐이라는 것을 실감하게 되었다. 또한 항공서비스과를 전공하지 않은 일반학과의 취업 준비생의 경우에는 객실 승무원 업무에 대한 정보가 부족할 것이므로, 이러한 문제를 극복하기에 이 교재는 더더욱 도움이 될 것이다.

현재 거의 모든 대학의 항공서비스과에서는 NCS(National Competency Standards, 국가직무능력표준)를 기반으로 한 교육 과정을 운영하고 있다. 'NCS 항공 객실 서비스'는 '기내 안전관리', '승객 탑승 전 준비', '승객 탑승 및 이륙 전 서비스', '비행 중 서비스', '착륙 전 서비스', '착륙 후 서비스', '승객 하기 후 관리', '응급환자 대처', '객실 승무 관리' 등 서비스 절차에 따른 구분으로 나누어져 있으며, 그에 따른 수행 능력을 평가함으로써 실무 중심의 교육을 목표로 하고 있다. 그러나 NCS 능력 단위를 기반으로 한 체계적인 교재는 드문 실정이어서, 필자는 'NCS 항공 객실 서비스'를 능력 단위별로 구분하여 정리해 보았다.

이 교재는 '기내 안전관리'의 능력 단위로 구성했으며, 수행 준거를 기준으로 하여 집중적으로 학습할 수 있도록 내용을 정리하였다. 이에 따라 학습을 시작하기 전 반드시 수행 준거를 먼저 살펴본 후, 본문으로 들어가길 권한다. 또한 본문에서 중요한 부분을 정리하고 다음 장으로 넘어갈 수 있도록 각 장 뒷부분에 점검 단계('잠깐! 점검해 볼까요?')를 넣어 구성하였다.

객실 승무원의 업무는 크게 안전과 서비스로 구분될 수 있는데, 안전 관련 이론은 생명이 달린 문제이므로 특히나 중요하다. 객실 승무원이라면 반드시 기내 안전관리에 관한 내용을 숙지하여 현장에서 제대로 실천할 수 있어야 하기 때문에 실제로 승무원의 안전 교육은 매우 엄격하게 진행되고 있다. 따라서 이 교재로 학습할 때에는 '나는 승객과 나의 안전을 지키는 예비 항공 보안 요원이다'라고 생각하고 진지하게 학습에 임하길 바란다.

아무쪼록 이 교재를 채택한 교수자나 학생 모두가 보다 쉽게, NCS를 기반으로 한 기내 일상 안전관리를 이해하고 활용할 수 있기를 기대해 보며, 항공서비스과를 전공하는 학생이나 객실 승무원을 준비하는 취업 준비생의 항공 지식 함양에 실질적인 도움이 되길 바란다. 이 교재가 출판되는 데 있어 오랜 시간 검토 및 편집을 도와주신 센게이지러닝코리아(주)에 감사드린다.

2019년 봄, 임연경

차례

CHAPTER 2

승객 탑승 전 안전 · 보안 점검하기

CHAPTER 3

항공기 이착륙 전 안전 · 보안 관리하기

CHAPTER 4

비행 중 안전 · 보안 관리하기

CHAPTER 5

착륙 후 안전 · 보안 점검 관리하기

CHAPTER 6

비상사태 발생 시 대응하기

CHAPTER 7

상황별 안전 안내 방송하기

국가직무능력표준(NCS)

1. NCS 개념

국가직무능력표준(NCS: National Competency Standards)이란 산업현장에서 직무를 수행하기 위해 요구되는 지식, 기술, 소양 등의 내용을 국가가 산업부문별, 수준별로 체계화한 것으로 산업현장의 직무를 성공적으로 수행하기 위해 필요한 능력(지식, 기술, 태도)을 국가적 차원에서 표준화한 것을 의미한다.

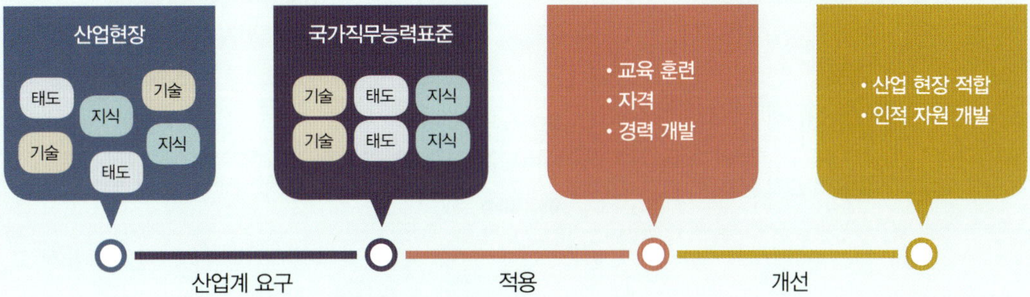

국가직무능력표준 개념도

2. 직무 능력

- 일을 할 수 있는 On-spec인 능력
- 직업인으로서 기본적으로 갖추어야 할 공통 능력
- 해당 직무를 수행하는 데 필요한 역량(지식, 기술, 태도)

이렇게 달라졌어요!
보다 효율적이고 현실적인 대안 마련

1. 실무 중심의 교육 · 훈련과정 개편
2. 국가 자격의 종목 신설 및 재설계
3. 산업현장 직무에 맞게 자격시험 전면 개편
4. NCS 채용을 통한 기업의 능력 중심 인사관리 및 근로자 평생 경력 개발 관리 지원

3. 국가직무능력표준(NCS)의 필요성

능력 있는 인재를 개발해 핵심 인프라를 구축하고, 나아가 국가경쟁력을 향상시키기 위해 국가직무능력표준이 필요하다.

- 기업은 직무분석 자료, 인적 자원 관리 도구, 인적 자원 개발 프로그램, 특화자격 신설, 일자리 정보 제공 등을 원한다.
- 기업교육 훈련기관은 산업현장의 요구에 맞는 맞춤형 교육훈련 과정을 개설하여 운영하기를 원한다.

지금은

- 직업교육 · 훈련 및 자격제도가 산업현장과 불일치
- 인적 자원의 비효율적 관리 운용

국가직무능력표준 →

바뀝니다

- 각각 따로 운영되었던 교육 · 훈련, 국가직무능력표준 중심 시스템으로 전환(일 · 교육 · 훈련 · 자격 연계)
- 산업 현장 직무 중심의 인적 자원 개발
- 능력 중심 사회 구현을 위한 핵심 인프라 구축
- 고용과 평생 직업능력 개발 연계를 통한 국가 경쟁력 향상

4. 추진 경과

2002

일 · 교육 · 훈련 · 자격 연계하기 위해 국가직무능력표준 제도 도입

2010

국가직무능력표준의 효율화 추진에 대해 국가정책조정회의 조정

- NCS 명칭 통일 및 개발 주체 일원화(고용노동부, 한국산업인력공단)
- NCS 연구 및 교육과정 지원(교육부, 한국직업능력개발원)

2013

'능력중심사회를 위한 여건 조성' 핵심 국정과제 확정

5. 국가직무능력표준 활용범위

국가직무능력표준은 기업체, 직업교육훈련기관, 자격시험기관에서 활용한다.

기업체(Corporation)	교육훈련기관(Education and Training)	자격시험기관(Qualification)
• 현장 수요 기반의 인력채용 및 인사관리 기준 • 근로자 경력개발 • 직무기술서	• 직업교육 훈련과정 개발 • 교수계획 및 매체, 교재 개발 • 훈련기준 개발	• 자격 종목의 신설통합폐지 • 출제기준 개발 및 개정 • 시험 문항 및 평가방법

인용 출처: NCS 홈페이지: https://www.ncs.go.kr

NCS 항공객실서비스 직무

1. 직무 정의

항공객실 서비스란 객실 안전관리, 승객 탑승 전 준비, 승객 탑승 서비스, 이륙 전 서비스, 비행 중 서비스, 착륙 전 서비스, 착륙 후 서비스, 승객 하기 후 관리, 응급환자 대처, 객실 승무 관리를 하는 일이다.

2. 능력 단위

순번	능력 단위	순번	능력 단위
1	기내 안전관리	8	응급환자 대처
2	승객 탑승 전 준비	9	객실 승무 관리
3	승객 탑승 및 이륙 전 서비스	10	기내 음료 서비스
4	비행 중 서비스	11	항공서비스 업무 기본
5	착륙 전 서비스	12	항공 기내방송 업무
6	착륙 후 서비스	13	고객만족 서비스
7	승객 하기 후 관리	14	항공서비스 매너

3. 능력 단위별 능력 단위 요소

분류 번호	능력 단위	수준	능력 단위 요소
1203010501_15v2	기내 안전관리	3	승객 탑승 전 안전 · 보안 점검하기
			항공기 이 · 착륙 전 안전 · 보안 관리하기
			비행 중 안전 · 보안 관리하기
			착륙 후 안전 · 보안 점검 · 관리하기
			비상사태 발생 시 대응하기
			상황별 안전안내 방송하기
1203010502_13v1	승객 탑승 전 준비	3	기내 서비스용품 점검하기
			서비스 설비 및 기물 점검하기
			특별 서비스 요청사항 점검하기
1203010503_16v2	승객 탑승 및 이륙 전 서비스	3	탑승 위치 대기하기
			탑승권 재확인하기
			좌석 안내하기
			수하물 정리 지원하기
			특수 고객 지원하기
1203010504_13v1	비행 중 서비스	3	기내 음료 제공하기
			기내식 제공하기
			기내 오락물 제공하기
			면세품 판매하기
			객실 상태 점검하기
1203010505_16v2	착륙 전 서비스	3	입국 서류 배포 및 작성 지원하기
			기내 용품 회수하기
			기내 서비스 용품 및 면세품 재고 확인하기
1203010506_16v2	착륙 후 서비스	3	승객 하기 지원하기
			특수 고객 지원하기
1203010507_13v1	승객 하기 후 관리	3	유실물 점검하기
			잔류 승객 점검하기
			기내 설비 점검하기
			기내 용품 인수 · 인계하기

분류 번호	능력 단위	수준	능력 단위 요소
1203010508_13v1	응급환자 대처	3	응급환자 발생상황 파악 · 보고하기
			응급환자 초기 대응하기
			응급환자 후속 관리하기
			환자 대처 상황 기록하기
1203010509_16v2	객실승무 관리	4	객실 승무원별 근무 배정하기
			운항 · 객실 간 정보 공유하기
			불만 승객 관리하기
			출 · 도착 서류 작성 · 관리하기
			객실서비스 관리하기
1203010510_16v1	기내 음료 서비스	2	기내 음료 파악하기
			기내 음료 제공하기
1203010511_16v1	항공서비스 업무 기본	2	항공서비스 관련 서류 확인하기
			항공여객 정보 확인하기
1203010512_16v1	항공 기내 방송 업무	3	항공 기내 방송 준비하기
			정상적 상황 방송하기
			비정상 상황 방송하기
			비상 상황 방송하기
1203010513_16v1	고객만족 서비스	3	서비스 마인드 함양하기
			이미지 메이킹하기
			불만고객 대처하기
1203010514_16v1	항공서비스 매너	2	기본 매너 갖추기
			항공서비스 매너 관리하기

4. 능력 단위: 기내 안전관리

분류번호: 1203010501_15v2
능력 단위 명칭: 기내 안전관리
능력 단위 정의: 기내 안전관리란 승객 탑승 전 안전 · 보안 점검, 이륙 전 안전 · 보안 관리, 비행 중 안전 · 보안 관리, 도착 전 안전 · 보안 관리, 도착 후 안전 · 보안 점검 · 관리, 비상사태 발생 시 대응, 안전안내 방송을 수행하는 능력이다.

능력 단위 요소	수행 준거
1203010501_15v2.1 승객 탑승 전 안전 · 보안 점검하기	**1.1** 항공기 안전 규정에 따라 승객 탑승 전, 항공기 객실의 안전장비 점검할 수 있다. **1.2** 항공기 안전 규정에 따라 승객 탑승 전, 항공기 객실의 보안장비 점검할 수 있다. **1.3** 항공기 안전 규정에 따라 항공기 안전 운항에 관계되는 의심스러운 물건에 대하여 신속히 보고할 수 있다. **1.4** 항공기 안전 규정에 따라 기내 작업 인력에 대한 동향을 파악하여, 이상 발생 시, 보고할 수 있다.
	【지식】 • 항공 안전 · 보안에 관한 법률 이해 • 객실 안전 · 보안 규정(점검) 이해 • 안전 · 보안장비 장비 이해 • 항공기 객실 구조 이해 • 대 고객 서비스 지침 이해 • 안전 · 보안장비 위치 및 관리요령
	【기술】 • 기내 안전 규정집 활용 기술 • 객실 점검표 적용 기술 • 운항 승무원과의 원활한 소통 기술 • 안전 · 보안장비 점검 기술 • 기내 작업 인력에 대한 동향 파악 기술
	【태도】 • 장비점검에 대한 규칙적인 습관 유지 • 꼼꼼한 태도 • 신속한 태도
1203010501_15v2.2 항공기 이 · 착륙 전 안전 · 보안 관리하기	**2.1** 객실 안전 규정에 따라 승객에게 좌석 벨트 착용 안내를 정확하게 할 수 있다. **2.2** 객실 안전 규정에 따라 미착석 승객을 확인하고, 착석을 유도할 수 있다. **2.3** 객실 안전 규정에 따라 객실 수화물 선반(Overhead Bin) 잠금 상태를 확인하고, 조치할 수 있다. **2.4** 객실 안전 규정에 따라 설비 잠금 상태를 확인하고, 조치할 수 있다. **2.5** 객실 안전 규정에 따라 비상시 관련 정보를 제공할 수 있다. **2.6** 객실 안전 규정에 따라 해당 항공기 문 Slide 상태를 비상 상태(Automatic Position)로 변경할 수 있다. **2.7** 객실 안전 규정에 따라 비상구 위치에 착석한 승객에게 비상시 행동 요령과 업무 협조를 안내할 수 있다. **2.8** 객실 안전 규정에 따라 창문 덮개(Window Shade)를 원위치하도록 안내할 수 있다.

능력 단위 요소	수행 준거
1203010501_15v2.2 항공기 이 · 착륙 전 안전 · 보안 관리하기	**2.9** 객실 안전 규정에 따라 좌석 등받이와 좌석 앞 선반(Tray Table)을 원위치하도록 안내할 수 있다. **2.10** 객실 안전 규정에 따라 좌석 벨트 착용을 확인하고, 점검할 수 있다. **2.11** 객실 안전 규정에 따라 비상시 탈출 요령에 대한 절차를 이미지 트레이닝(Image training)을 할 수 있다. **2.12** 객실 안전 규정에 따라 항공기 탑승 후 다시 하기를 원하는 승객에 대하여 신속히 보고할 수 있다. **2.13** 객실 안전 규정에 따라 의심스러운 승객 또는 돌발 상황에 대해 선임자에게 보고할 수 있다. **2.14** 객실 안전 규정에 따라 승객에게 전자기기 사용 금지 안내 방송을 하고, 조치할 수 있다.
	【지식】 • 항공 안전보안에 관한 법률 이해 • 객실 안전 · 보안 규정(점검) 이해 • 항공기 객실 구조 이해 • 안전 · 보안 장비 이해 • 항공기 안전규정(Safty Instruction) 이해 • 안전 · 보안장비 위치 및 관리요령
	【기술】 • 객실 안전 · 보안 규정집 활용 기술 • 객실 안전 · 보안 점검표 적용 기술 • 객실 안전 · 보안 장비 사용 기술 • 운항 승무원과의 원활한 소통 기술(CRM: Crew Resource Management) • 안전 장비 사용법 표현 기술 • 항공기 Slide Mode 변경 및 보고 기술
	【태도】 • 장비 점검에 대한 규칙적인 습관 유지 • 점검 시 정밀하고 꼼꼼한 자세 유지 • 절도 있는 행동 유지
1203010501_15v2.3 비행 중 안전 · 보안 관리하기	**3.1** 객실 안전 규정에 따라 승객에게 상시 벨트 착용 여부를 확인하고, 안내를 할 수 있다. **3.2** 객실 안전 규정에 따라 승객의 기내 흡연 여부를 확인하고, 제지할 수 있다. **3.3** 객실 안전 규정에 따라 밀폐공간 내부 상태를 확인하여, 조치할 수 있다. **3.4** 객실 안전 규정에 따라 항공기 운항 중 행동이 의심스러운 승객의 동태 및 이상 물건에 대하여 신속히 보고할 수 있다. **3.5** 객실 안전 규정에 따라 난기류(Turbulence) 발생 시 승객에게 안내 방송을 하고, 필요 조치를 할 수 있다.
	【지식】 • 항공 안전보안에 관한 법률 이해 • 객실 안전 · 보안 규정(점검) 이해 • 항공기 객실 구조 이해 • 안전 · 보안 장비 이해 • 안전 · 보안 장비 위치 및 관리요령

능력 단위 요소	수행 준거
1203010501_15v2.3 비행 중 안전 · 보안 관리하기	【기술】 • 객실 안전 · 보안 규정집 활용 기술 • 객실 안전 · 보안 점검표 적용 기술 • 객실 안전 · 보안 장비 사용 기술 • 밀폐공간 내부 상태 점검 기술 • 안전한 기내 설비 사용 및 서비스 기술 • 안전 · 보안 관련 위반 승객 제지 기술 • 운항 승무원과의 원활한 소통 기술(CRM: Crew Resource Management)
	【태도】 • 장비점검에 대한 규칙적인 습관 유지 • 점검 시 정밀하고 꼼꼼한 자세 유지 • 절도 있는 행동 유지
1203010501_15v2.4 착륙 후 안전 · 보안 점검 · 관리	**4.1** 객실 안전 규정에 따라 이동 승객을 제지하고, 착석 상태 유지를 안내할 수 있다. **4.2** 객실 안전 규정에 따라 승객의 유실물을 점검하고, 조치할 수 있다. **4.3** 객실 안전 규정에 따라 기내 설비 이상 유무를 점검하고, 보고할 수 있다.
	【지식】 • 항공 안전보안에 관한 법률 • 객실 안전 · 보안 규정(점검) • 항공기 객실 구조 • 안전 · 보안 장비 • 안전 · 보안 장비 위치 및 관리요령
	【기술】 • 객실 안전 · 보안 규정집 활용 기술 • 객실 안전 · 보안 점검표 적용 기술 • 승객 유실물 존재 유무 점검 기술 • 기내 설비 이상 유무 점검 기술 • 지상 근무 직원과의 인계인수 및 원활한 소통 기술
	【태도】 • 점검 시 정밀하고 꼼꼼한 자세 유지 • 책임감 있는 태도
1203010501_15v2.5 비상사태 발생 시 대응하기	**5.1** 객실 안전 규정에 따라 비상상태를 인지할 수 있다. **5.2** 객실 안전 규정에 따라 비상상태를 보고할 수 있다. **5.3** 객실 안전 규정에 따라 비상상태를 조치할 수 있다.
	【지식】 • 항공 안전보안에 관한 법률 이해 • 객실 안전 · 보안 규정(점검) 이해 • 항공기 객실 구조 이해 • 안전 · 보안 장비 이해 • 안전 · 보안 장비 위치 및 관리요령
	【기술】 • 객실 안전 · 보안 규정집 활용 기술 • 기내 안전 설비 사용 및 서비스 기술 • 안전 · 보안 관련 위반 승객 제지 기술 • 안전 · 보안 장비 사용 기술 • 객실 안전 관련 상황 판단 기술

<table>
<tr><th>능력 단위 요소</th><th>수행 준거</th></tr>
<tr><td>1203010501_15v2.5
비상사태 발생 시 대응하기</td><td>【태도】
• 신속하고 정확한 태도 유지
• 절도 있고 침착한 태도 유지</td></tr>
<tr><td rowspan="4">1203010501_15v2.6
상황별 안전안내 방송하기</td><td>6.1 상황별에 따라 안내방송을 선택할 수 있다.
6.2 선택된 안내방송을 즉시 실시할 수 있다.
6.3 상황 변화에 따른 추가 안내방송을 할 수 있다.</td></tr>
<tr><td>【지식】
• 객실 안전규정(안내) 이해
• 한국어, 영어 및 목적지 국가언어(중국어, 일본어 등) 이해</td></tr>
<tr><td>【기술】
• 상황판단 능력
• 방송 장비 점검 및 활용 능력
• 영어, 중국어, 일본어 등 외국어 구사 능력
• 표준어 구사 능력
• 음성 표현 능력</td></tr>
<tr><td>【태도】
• 신속하게 명료한 태도 유지
• 절도 있고 침착한 태도 유지</td></tr>
</table>

인용 출처: NCS 홈페이지: https://www.ncs.go.kr

기내 안전관리 및 항공기 구조의 이해

1

01
기내 안전관리 업무 소개

1. 안전 업무 개요

객실 승무원의 '안전 업무'란 비행 중 발생할 수 있는 비상사태에 대비하여 승객과 승무원의 안전을 위해 수행해야 하는 객실 내 안전 업무를 말한다. 이 같은 안전 업무는 9 · 11 사태 이후로 더욱 강화되어 모든 항공사에서 매우 중시하게 되었다. 객실 승무원은 승객이 탑승하기 전 시점부터 착륙 후 승객이 모두 하기하고 비행이 마무리되는 시점까지 긴장의 끈을 놓지 않고 철저히 안전 업무에 임해야 한다.

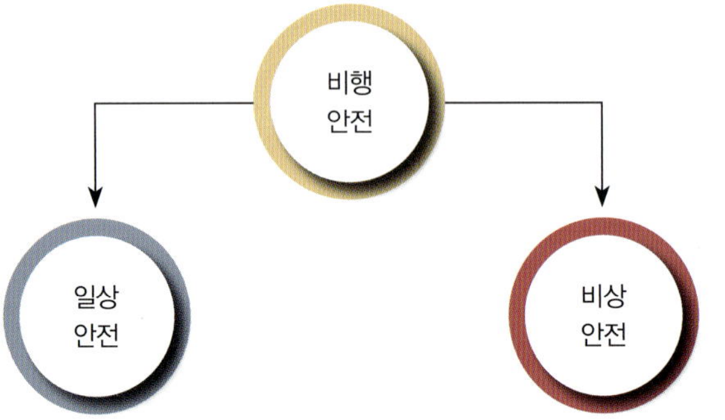

객실 승무원의 안전 업무

2. 안전 업무의 중요성

반복되는 비행을 계속하다 보면 안전 업무에 소홀해지기 쉽다. 실제로 항공기 안전사고는 비상사태로 인한 사고보다는 평상시의 안전 업무를 소홀히 함으로써 발생되는 사고가 더 많이 발생하고 있으며, 특히 비행 중 발생되는 작은 사고에 적절하게 대처하지 못한다면 큰 사고로 연결될 수 있다는 점에서 안전 업무는 매우 중요한 의미를 지닌다. 그러므로 객실 승무원은 안전 규정에 따라 철저한 점검과 보고가 이루어져야 하며 위기 대처능력 함양을 위하여 끊임없이 노력해야 한다.

3. 안전 업무의 종류

안전 업무는 사고 예방 활동 업무와 사고 대비 활동 업무와 같이 두 가지로 나누어 볼 수 있다. 사고 예방 활동 업무란 비행 중 일어날 수 있는 사고에 대비하여 객실 승무원이 취해야 하는 일련의 조치 업무로서 좌석벨트 착용, 휴대수하물 관리, 전자기기 사용 제한, 금연 수칙 준수와 같은 내용이 이에 해당한다. 사고 대비 활동 업무는 만일의 사태에 대비하여, 비행중 발생할 수 있는 사고에 객실 승무원이 적절히 대처하기 위한 것으로 Pre-Flight Check, 30 Seconds Review, 비상사태 대처 훈련 등이 이에 해당한다.

02

항공기 구조의 이해

1. 항공기의 개념

항공안전법에 의한 항공기의 개념을 살펴보면 '항공기'란 공기의 반작용(지표면 또는 수면에 대한 공기의 반작용은 제외한다.)으로 뜰 수 있는 기기로서, 최대 이륙 중량, 좌석 수 등 국토교통부령으로 정하는 기준에 해당하는 기기인 비행기, 헬리콥터, 비행선, 활공기(滑空機)와 그 밖에 대통령령으로 정하는 기기를 말한다.

이 책에서는 비행기 관하여 다루고 있으며, 비행기는 용도별로 여객기(Passenger)와 화물기(Freighter)로 구분할 수 있다. 여객기는 일반적으로 20명 이상의 승객을 태울 수 있거나 자체 중량 22.680킬로그램 이상의 비행기를 뜻한다. 화물기는 보통 화물만 수송하고 동체 외부에 창문이 없어 여객기와 쉽게 구분할 수 있다.

2. 항공기의 외부 구조 및 내부 구조

항공기는 동체(Fuselage), 주 날개(Main Wing), 꼬리날개(Tail Wing), 엔진(Engine), 랜딩기어(Landing gear)로 구분되는데, 이를 외부 구조라고 하며 조종실(Cockpit), 객실(Cabin), 갤리(Galley), 화물(Cargo)부분을 항공기의 내부 구조라고 한다.

3. 항공기 구분

항공기는 크기에 따라 아래와 같이 세 가지로 구분된다.

- 대형기: A380, B747, B777 등
- 중형기: A300-600, A330-300 등
- 소형기: B737,CS300 등

4. 기종별 항공기 소개

1) Boeing 747-400

보잉사에서 제작한 항공기로 2층 구조의 Wide-Body(광동체)이며 Main Wing(주날개)과 좌우 각각 2개 총 4개의 엔진이 장착되어 있으며, 주 날개 양단 부분에서 발생하는 Turbulent Air(와류)를 줄여 양력을 증가시킬 뿐 아니라 연료 소모량을 감소시키기 위한 Winglet(비행기 주 날개 끝에 수직 또는 거의 수직으로 부착하는 작은 날개)이 장착되어 있다.

자동차의 속도와 비교했을 때 9배 정도가 빠르며, 바퀴는 총 18개로 앞쪽에 2개, 뒤쪽에 16개가 있다.

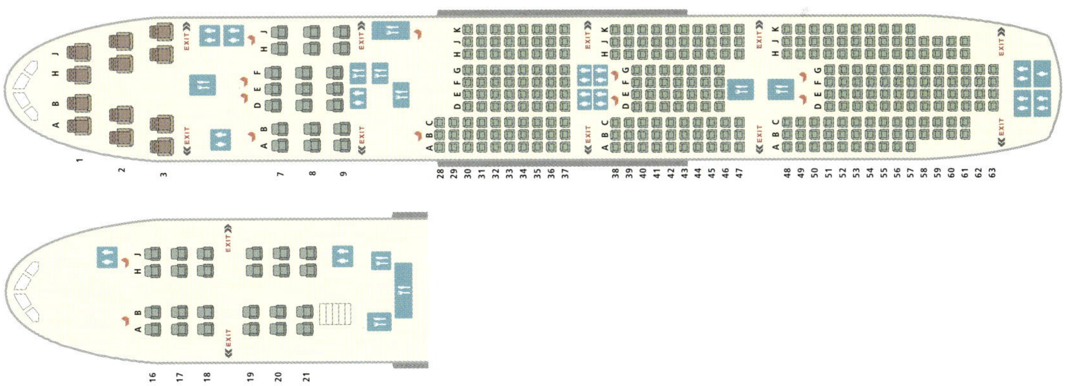

KE 좌석 배치도

항공기 기본 정보

- 제조사: Boeing
- 항공기 길이: 70.67m
- 최대 운항 거리: 11,790km
- 날개폭: 64.92m
- 순항 속도: 912km/hr
- 항공기 높이: 19.51m

Galley
화장실
Bassinet

2) Boeing 787-9

보잉 787 드림라이너(Boeing 787 Dreamliner)는 보잉사의 중형 Twin-Engine Wide-Body(쌍발 광동체) 여객기다. 보잉사의 항공기 중 처음으로 기체 대부분에 탄소복합 재료를 사용한 비행기이다. 역사상 가장 짧은 기간 동안 가장 많이 판매된 Wide-Body 항공기이기도 하다. 2012년 리튬 이온 전지로 인한 기체 결함으로 사고가 잇따르자, FAA(미국 연방항공청)에서는 보잉 787에 대해 운항 중지 명령을 내렸으나 현재는 해제된 상태다.

대한민국 국적사들 중에서는 대한항공만 787–9를 주문했으며, 대한항공은 2017년 2월 24일에 첫번째 787–9 1대를 인도받았다. 엔진은 GEnx를 채택했다.

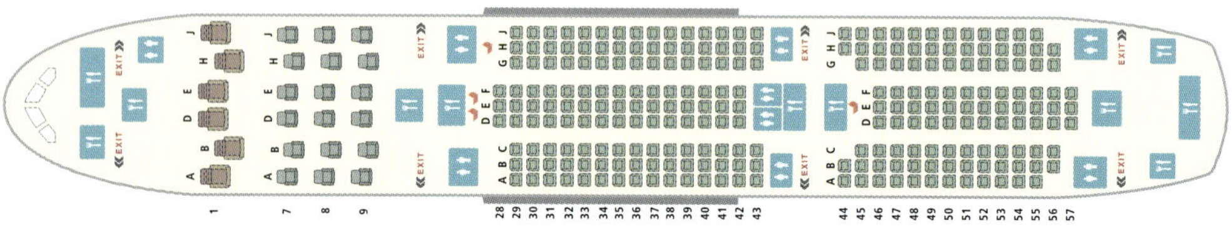

KE 좌석 배치도

항공기 기본 정보

- 제조사: Boeing
- 항공기 길이: 62.8m
- 최대 운항 거리: 11,970km
- 날개폭: 60.1m
- 순항 속도: 912km/hr
- 항공기 높이: 17.0m

Galley
화장실
Bassinet

3) Boeing 777-200/300

최대 520석까지 갖춘 Twin-Engine 기종 중 가장 규모가 큰 비행기로 기존의 보잉 747 기종과 보잉 767의 중간 크기인 좌석 300~400석까지 규모의 여객기에 대한 수요를 충족시키기 위하여 개발된 Wide Body의 항공기이다.

설계에서는 특히 시장 수요와 고객의 욕구를 최대로 충족시킬 수 있는 항공기를 디자인하는 데 가장 큰 비중을 두었다. 그 결과 객실의 공간이 넓어졌고 객실의 구조도 필요에 따라 융통성 있게 변화시킬 수 있게 되었으며 운항 비용도 크게 절감되었다.

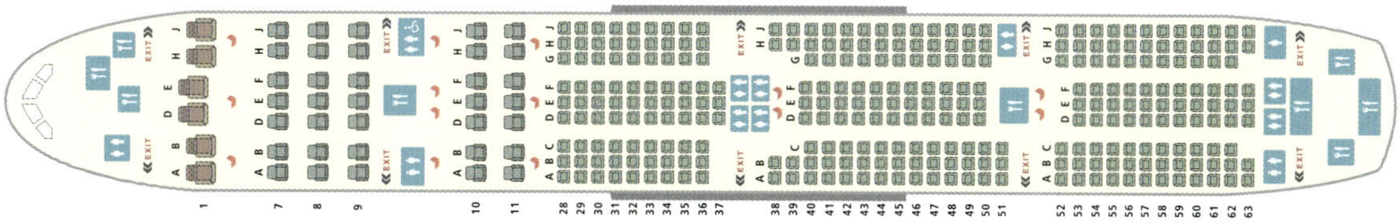

KE 좌석 배치도

항공기 기본 정보

- 제조사: Boeing
- 항공기 길이: 73.86m
- 최대 운항 거리: 8,067km
- 날개폭: 60,93m
- 순항 속도: 901km/hr
- 항공기 높이: 18.76m

Galley
화장실
Bassinet

4) Boeing 767-300

보잉사가 에어버스사의 Twin-Engine Wide-Body 항공기인 A300의 성공에 자극받아 이와 경쟁하기 위하여 개발한 모델이 보잉 767로, 세계에서 가장 폭이 좁은 Wide-Body형 제트 여객기이다.

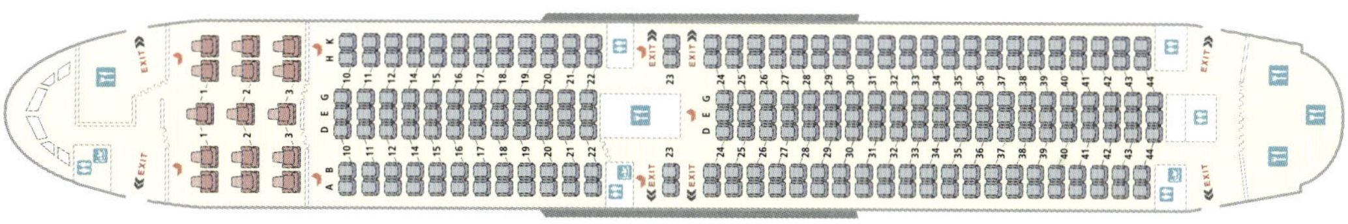

OZ 좌석 배치도

항공기 기본 정보

- 제조사: Boeing
- 항공기 길이: 54.94m
- 최대 운항 거리: 6,695/7,538km
- 날개폭: 47.57m
- 순항 속도: 853km/hr
- 항공기 높이: 15.85m

Galley
화장실
Bassinet

5) Boeing 737-800/900

보잉사가 개발한 제트 여객기이다. 90인승 제트엔진 여객기로 최초 개발되었으며, 후에 130인승까지 확대 개량되었다. 737–900은 200인승이 넘는다. DC–9가 장악하고 있던 소형기 시장을 공략하기 위해 개발되었다.

보잉 737은 1968년 처음으로 상업 운항을 시작한 이래, 현재까지 계속 생산중인 보잉사 최장수 여객기 모델이며, 가장 많은 대수가 팔린 기종이다. 우리나라 국내선 구간에 운항중인 대부분의 항공기가 737 기종이다.

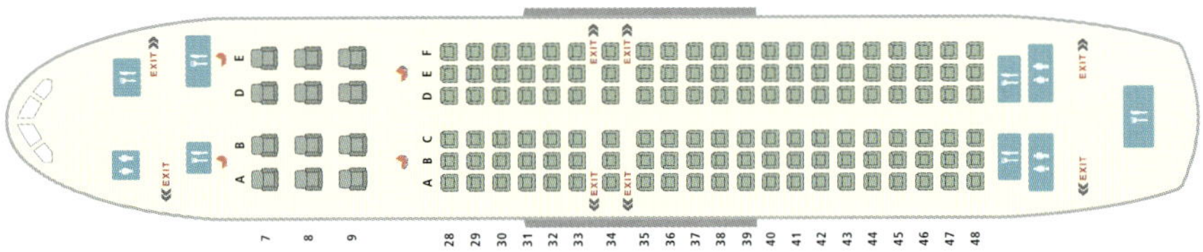

KE 좌석 배치도

항공기 기본 정보

- 제조사: Boeing
- 항공기 길이: 42.1m
- 최대 운항 거리: 3,865km
- 날개폭: 34.4m
- 순항 속도: 836km/hr
- 항공기 높이: 12.5m

Galley
화장실
Bassinet

6) Airbus 330-200/300

에어버스사에서 제작한 중장거리용 항공기로 Main Wing 양단에 Winglet이 있어 연료 절감 효과가 뛰어나며, Main Wing 좌우 하단에 각 1개, 총 2개의 엔진이 장착되어 있다. 항공기 소음이 비교적 적다.

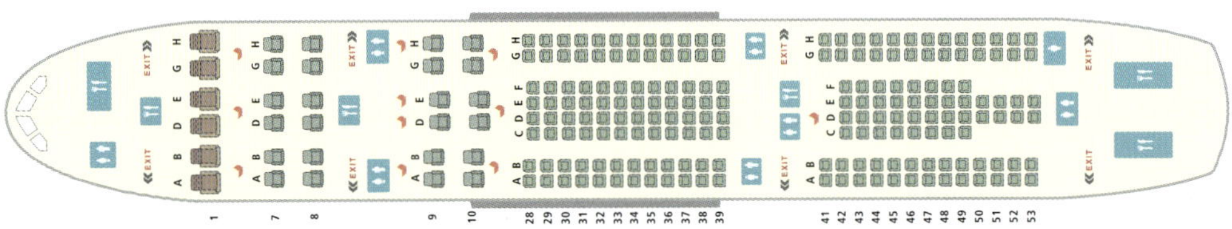

KE 좌석 배치도

항공기 기본 정보

- 제조사: Airbus
- 항공기 길이: 58.37m
- 최대 운항 거리: 11,795km
- 날개폭: 60.3m
- 순항 속도: 879km/hr
- 항공기 높이: 17.3m

Galley
화장실
Bassinet

7) Airbus 350-900

에어버스사가 2014년 출시한 300석 규모의 중대형기로 환경 친화적인 항공기이다. A350–900은 신형 롤스로이스 트렌트 XWB 엔진, 유선형 날개와 같은 독창적인 디자인 등의 요소로 경쟁 항공기인 B777에 비해 연료 효율성이 25% 뛰어나며, 이산화탄소 배출도 25%가 적은 친환경 항공기이다. 또한 기내 소음이 적고, Full-LED 조명 적용, 기내 공기 순환 시스템 2~3분 주기로 개선해 기내 쾌적함을 극대화했다.

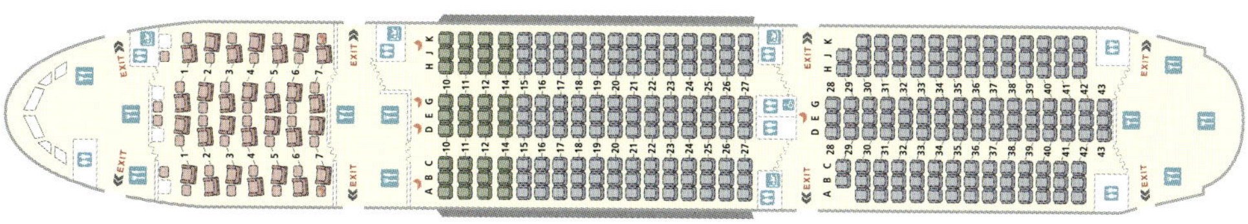

OZ 좌석 배치도

항공기 기본 정보

- 제조사: Airbus
- 항공기 길이: 66.8m
- 최대 운항 거리: 12,156km
- 날개폭: 64.75m
- 순항 속도: 907km/hr
- 항공기 높이: 17.05m

Galley
화장실
Bassinet

8) Airbus 321-100/200

에어버스 A320 시리즈는 에어버스사에서 개발한 중 · 단거리용 항공기 시리즈로 보잉 727과 보잉 737에 대적하기 위해 만들어진 기종이다. A320 시리즈는 A318, A319, A320, A321을 포함하며 각 기종은 크기의 차이를 제외하면 거의 비슷하다. 1970년대의 유류 파동(오일쇼크)으로 인해 연료 효율이 뛰어나도록 설계되었으며 에어버스사 사상 최초로 FBW(Fly-By-Wire. 조종석에서 조종하는 전기신호를 컴퓨터가 해석하는 항공기 비행 조종 방식) 시스템을 도입했다. 뛰어난 연료 효율과 다양한 모델 덕분에 미국 국내선이나 유럽의 저가 항공사들에게 많이 이용되고 있다.

대한민국에서는 에어부산, 에어서울, 아시아나항공이 A320–200과 A321–100, 200을 쓰고 있다.

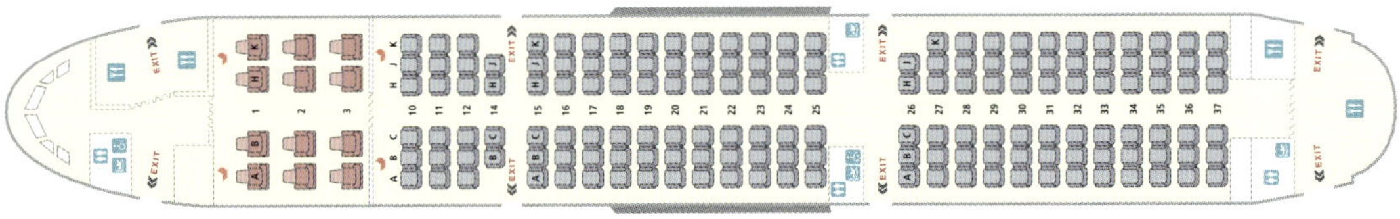

OZ 좌석 배치도

항공기 기본 정보

- 제조사: Airbus
- 항공기 길이: 44.51m
- 최대 운항 거리: 2,092/4,232/4,797km
- 날개폭: 34.1m
- 순항 속도: 841km/hr
- 항공기 높이: 11.76m

Galley
화장실
Bassinet

9) Airbus 380-800

에어버스사가 제작하는 4발 2층 구조의 초대형 항공기이다. 여객기 중에 가장 큰 항공기이다. 747과 달리 동체 전체가 2층 구조이기 때문에 보잉 747에 비해 객실이 50% 가량 넓어졌다. 3개의 트랩(탑승구)이 있어 853명의 승객과, 승무원들이 비상시 암흑 속에서 탈출하는 데 80초밖에 걸리지 않는다. 바퀴를 뒤쪽에 20개, 앞쪽에 2개를 설치해 비행기 중에선 두 번째로 많다. 대한민국에서는 대한항공이 주문하여 2011년 6월 17일부터 운항에 들어갔으며, 아시아나항공도 2014년부터 도입하여 총 6대까지 도입했다.

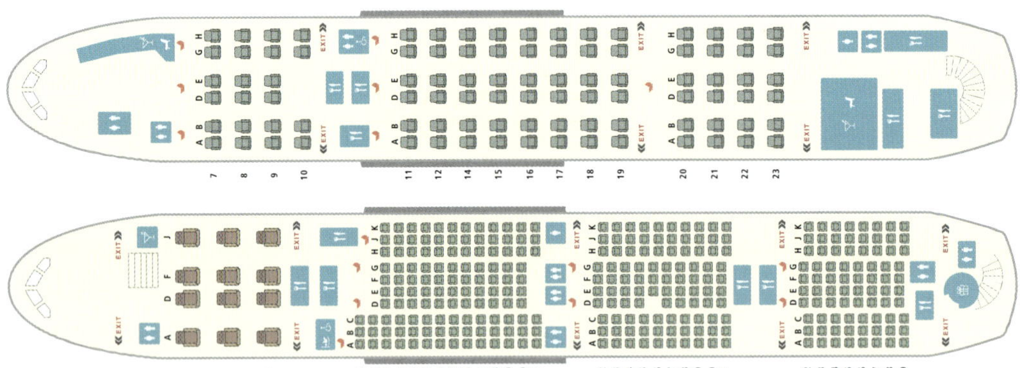

KE 좌석 배치도

항공기 기본 정보

• 제조사: Airbus	• 날개폭: 79.75m	Galley
• 항공기 길이: 72.72m	• 순항 속도: 912km/hr	화장실
• 최대 운항 거리: 13,473km	• 항공기 높이: 24.09m	Bassinet

10) CS 300

CS 300은 봄바디어 C 시리즈 항공기로 130~150석 규모로 설계된 소형 기종이다. 동체 및 날개에 첨단 신소재 적용으로 무게가 줄어 연료 효율이 뛰어나고 소음과 이산화탄소 배출은 크게 줄여 친환경적이다. 2017년부터 대한항공에서 도입하여 운항중이다.

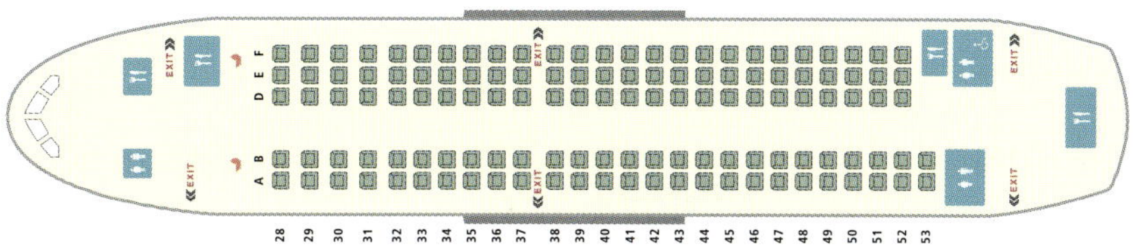

KE 좌석 배치도

항공기 기본 정보

• 제조사: Bombardier	• 날개폭: 35.1m	Galley
• 항공기 길이: 38.7m	• 순항 속도: 836km/hr	화장실
• 최대 운항 거리: 4,786km	• 항공기 높이: 11.5m	Bassinet

© Guvendemir/iStock

2

승객 탑승 전 안전 · 보안 점검하기

01 객실 브리핑
02 객실 안전
03 객실 보안
04 의심스러운 물건 보고
05 기내 작업 인력

01
객실 브리핑

비행을 시작하기 전 모든 객실 승무원은 정해진 시간과 지정된 장소에서 객실 브리핑을 실시한다.

객실 브리핑은 해당 노선의 객실 사무장의 주관 하에 이루어진다. 객실 승무원은 브리핑 참석 전, 본인의 할당된 담당 구역 및 기장과 사무장 성명, 회사 공지사항 및 비행에 필요한 각종 서류와 필수 휴대품 등을 확인하고, 비행에 걸맞은 용모와 복장을 갖춘 후 참석하도록 한다. 이는 해외 출발 편 비행에서도 마찬가지이며, 현지에서 체재하는 호텔에서 실시 후 공항으로 이동한다.

1. 객실 브리핑 순서

1) 비행 준비 점검

- 객실 승무원 인원 점검 및 인사, Duty 확인
- 용모 및 복장 확인
- 필수 휴대품 소지 여부 확인(필수 휴대품은 항공사마다 상이)
  - 여권 및 VISA
  - ID CARD 및 승무원 등록증
  - 업무 규정 매뉴얼

2) 비행 정보 공유

- 해당 편 출발 시간 및 도착 시간/시차
- 승객 예약 상황

- 기내 서비스 순서 및 절차
- CLS별 Meal Type, Special Meal
- VIP, 휠체어 승객, UM 등의 특수 고객 Order 상황
- 해당 국가 출입국 규정(노선 특이 사항)
- 기내 판매 관련 사항
- 승객 응대(칭송 및 불만 사례)

3) 회사 정책 전달

- 회사 소식 및 강조 사항
- 안전보안 관련 숙지 사항: 본인이 담당하고 있는 구역의 안전 장비 및 보안 장비 위치 및 점검 요령을 익혀 둔다. 매 비행 담당 구역 및 항공기 종류가 달라지므로 미리 숙지해 둔다.
- 비행 관련 질의응답

4) 기본 자세 인식

- SVC TIP
- 인사 및 인사말 연습
- 공상 방지를 위한 스트레칭

02

객실 안전

수행 준거

항공기 안전 규정에 따라 승객 탑승 전, 항공기 객실의 안전 장비를 점검할 수 있다.

항공기에 탑승하는 객실 승무원은 항공기 출발 전 지상에서 각자 담당 구역의 비상 장비 및 보안 장비 및 시설에 관한 점검을 철저히 해야 한다. 이는 항공기가 비행 중 혹은 지상 이동 중 발생할 수 있는 비상상황에 신속히 대처하기 위함이다. 점검은 장비의 정위치 확인, 작동 기능 여부, 수량, Seal(봉인) 상태 확인, 압력 게이지 확인 등을 점검하며, 이상이 있을 시 객실 사무장에게 보고해야 하며, 객실 사무장은 모든 객실 승무원의 비상, 보안 장비 이상 여부를 기장에게 보고해야 한다. 이를 Pre-Flight Check(비행 전 점검)라 한다.

또한 정비사에게 요청하여 지상에서 교체 후 비행해야 한다.

1. 점검 품목 및 요령

비상 장비

품목	점검 요령
Halon 소화기	정위치, 종류, Seal 상태, 압력 게이지 확인(녹색)
H_2O 소화기	정위치, Seal 상태
Po_2 Bottle	정위치, 마스크와 Po_2 Outlet의 연결 상태, 압력 게이지(1600 PSI 이상)

PBE	정위치, 진공포장 여부
Flash Light	정위치, Indicator Light 작동 여부
Megaphone	정위치, 작동 여부, 고정 상태
FAK	정위치, Seal 상태 확인
EMK	정위치, Seal 상태 확인(왕복 2개 확인)
ELT	정위치
Smoke Detector	위치 확인, 이물질 유무 확인

기내 설비

품목	점검 요령
Door	Slide Mode, 잠금 상태 확인
Galley 장비	정상작동 여부 및 인화성 물질 확인
Overhead Bin	유해물질 탑재 여부 확인
화장실	유해물질 탑재 여부 확인, 컴파트먼트 잠금 상태 확인
승객 좌석	Seat Belt, 구명복 탑재 여부 확인, PSU 작동 상태

2. 기내 화재

기내는 밀폐된 공간이며, 공중이라는 공간적 제약이 있으므로 대피가 어려워 기내에서 화재가 일어난다면 신속한 초기 대응이 필요하다. 그렇지 못한 경우 자칫 큰 사고로 이어질 수 있기 때문이다. 객실 내 화재 발생의 주요인은 승객의 흡연과 전기 누전 및 합선이다.

특히 승객의 흡연으로 인한 화재가 객실 화재의 70%를 차지하고 있다. 화장실에서의 흡연은 가연성 물질이 많고, 쓰레기통을 재떨이로 생각해 꽁초를 버리는 경우가 화재로 이어질 수 있다. 이에 객실 승무원은 화재에 대한 이해와 비상장비 및 화재진압 처리 절차에 따라 상황에 맞는 대응을 할 수 있도록 훈련을 통해 익히도록 한다.

1) 화재의 3요소

- 연료
- 열
- 산소

2) 기내에서의 화재 유형

- Class A: 기내 섬유, 잡지, 신문, 가방 등(일반 화재)/ H_2O, Halon 소화기 모두 사용 가능
- Class B: 오븐 안의 누적된 기름, 아세톤, 기타 가연성 액체 등(유류 화재)/ Halon 소화기 사용 가능
- Class C: 커피 메이커, 냉장고, 오븐, 압축 쓰레기통 등 전자 장비(전기 화재)/ Halon 소화기 사용 가능

3) 기내 화재 예방 수칙

- 비행 전 철저한 Pre-Flight Check를 한다.
- 기내에서의 금연 수칙을 철저히 지킨다.
- 비행 중 Walk Around 및 화장실 점검을 철저히 한다.

Green 게이지 확인

3. 화재 진압 장비

1) Halon 소화기

Halon 소화기는 할론 가스를 소화 약품으로 사용하는 것으로, 일반 화재 및 유류, 화학 약품, 전기, 가스 등 화재 전반에 걸쳐 다양하게 사용된다.

사용 시 주의할 점은 내용물이 가압된 상태이므로 49℃ 이상의 온도에는 노출시키지 말아야 한다.

- 게이지가 그린밴드에 화살표가 와 있는지 확인한다.
- 모든 화재에 사용할 수 있으나 주로 기름, 전기, 전자 장비 등 내부 시설물의 일반 화재에 사용한다(오븐, 커피메이커 등의 Galley 내의 화재에 주로 사용).

- 산소 유입을 차단하는 피막 효과로 진화한다.
- 가용 시간: 약 10초
- 소화 유효 거리: 약 3m

사용법

- 안전핀(Ring Pin)을 당겨 뽑는다.
- 소화기를 수직으로 세운다.
- 1.5m 떨어져 화재의 근원을 향해 핸들과 레버를 함께 누른다.
- 레버를 누르고 좌우로 빠르게 움직이며 지속적으로 분사한다.
- 전기 화재의 경우는 가능한 한 빨리 전원을 차단하도록 한다.

주의사항

- 소화액이 불길을 번지게 하여 화상을 입을 우려가 있으므로 떨어져서 분사한다.
- 사람에게 직접 분사하면 질식사의 위험이 있다.
- 소화기 사용 시 발생되는 증기의 흡입을 최대한 피한다.
- Halon 소화기 내에는 액화가스가 압축된 상태로 들어 있다.
- 분사 후 잔열 및 완벽한 불씨 제거를 위하여 H_2O 소화기로 한 번 더 진화한다.
- 보관 중에는 오작동 방지를 위해 안전핀이 끼워져 있다.

2) H_2O 소화기

종이, 섬유, 고무 등 일반 화재에 사용한다(쓰레기통 안의 화재, Seat, 기내 종이, 섬유 등에 주로 사용). Halon 소화기 사용 후 잔열 및 불씨 제거에 사용되며, 냉각 효과로 진화한다.

- 가용 시간: 약 40초
- 소화 유효 거리: 약 6m

H_2O 소화기의 모습(왼쪽)과 기내 Jump Seat 옆에 장착된 모습(오른쪽)

사용법

- 소화기를 수직으로 세운다.
- 손잡이를 시계 방향으로 충분히 돌린다.
- 2~3미터 떨어져 화재의 근원을 향해 레버를 누른다.

주의사항

- 전자 · 전기 장비 주변에서 사용하면 장비에 이상을 발생할 우려가 있으므로 절대 사용해서는 안 된다.
- 전기 화재 사용 시 감전의 위험이 있으며, 기름 화재 사용 시 불길이 확산되므로 절대 사용을 금한다.
- 45도 이상 기울여서 사용하면 효과적으로 분사하기 어렵다.
- 소화액은 부동액이 첨가되어 있으므로 절대 마셔서는 안 된다.

3) PBE

PBE(Protective Breathing Equipment)는 화재 진압 시 착용하며, 연기 및 유독 가스로부터 호흡 및 안면을 보호하고 시야를 확보하기 위한 장비로 착용 상태에서 인터폰 및 대화가 가능하다. 호흡을 하면 산화칼륨과 작용하여 산소가 생성되는 Puritan(퓨리탄) PBE와 산소 발생기를 통하여 산소를 공급해 주는 Scott(스콧) PBE 두 가지 종류가 있다.

© Rockwell Collins

진공포장된 PBE

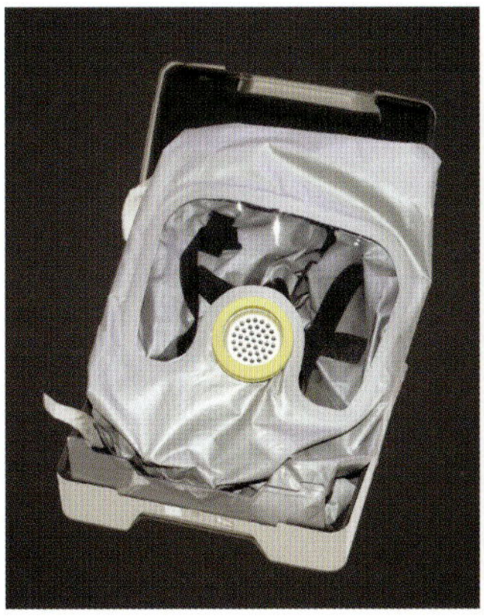

Puritan PBE

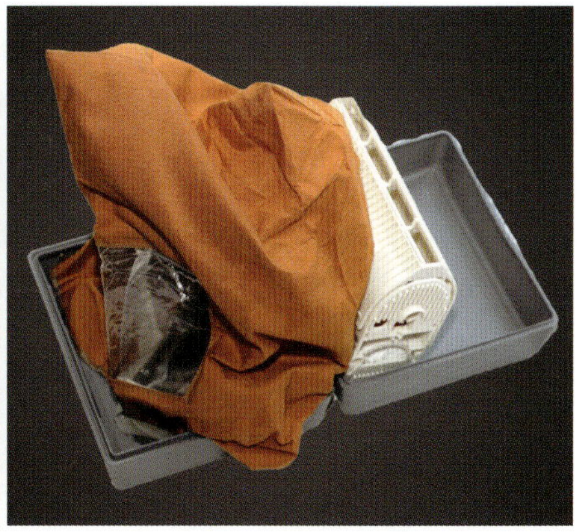

Scott PBE

유효시간(15분)이 초과하면 내부 기온이 상승하므로 신속히 벗어야 한다. PBE를 벗은 직후 머리카락 속에 산소가 침투되어 있으므로 수분 동안은 담배와 불 등에 노출되지 않도록 한다.

Puritan PBE 사용법

- 포장에서 PBE를 꺼낸 후, 하단의 목 부분을 잡고 머리 위에서부터 쓰고 코와 입을 맞춘다.
- 조절 끈을 세게 당겨 Starter Handle을 작동시켜 산소를 발생시킨다.
- 조절 끈을 계속 당겨 내부에 위치한 마스크를 코와 밀착시킨다.
- Neck Seal과 목 사이에 머리카락 등이 끼지 않도록 한다.
- 약 15분이 지나고 Hood가 찌그러지면 신속히 벗는다.

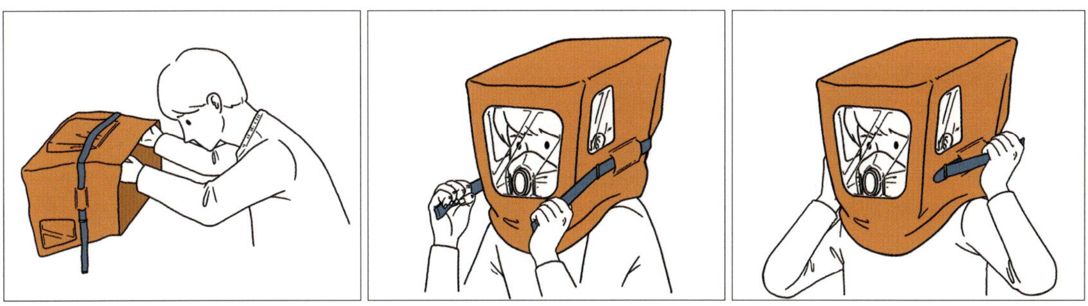

Scott PBE 사용법

- 포장에서 PBE를 꺼낸 후, 작동 Ring을 당긴다.
- 열린 Hood를 양손으로 잡고 머리 위에서부터 당겨 착용한다.
- Neck Seal을 조절하고 정상적으로 호흡한다.
- 약 15분이 지나고 산소 공급이 멈추면 신속히 벗는다.

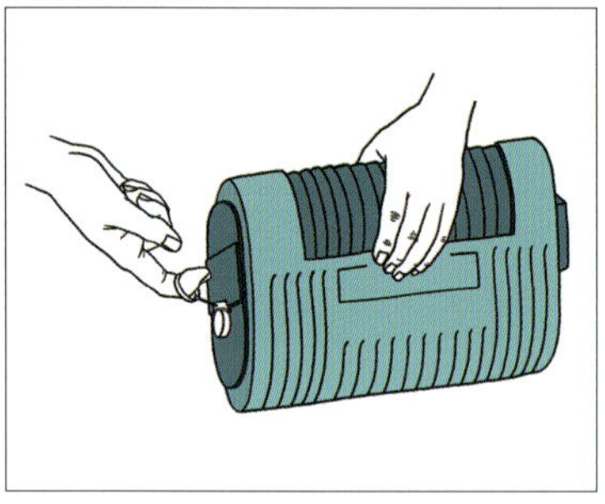

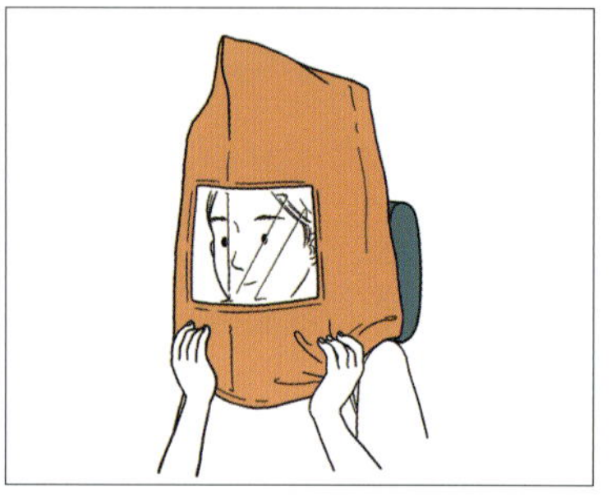

4) Smoke Goggle

Smoke Goggle(눈 보호기)은 화재 진압 시 연기로부터 눈을 보호하기 위해 착용하며 조종석 내 보관되어 있다.

유독가스와 연기가 많은 곳에서는 Po_2 Bottle과 병행 사용하면 더욱 효과적이다.

5) 석면 장갑

석면 장갑(Asbestos Gloves)은 화재 진압 과정에서 뜨거운 물체를 잡는 데 사용하며 조종석 내 보관되어 있다.

Smoke Goggle

조종실에 장착된 석면 장갑과 손도끼

6) 손도끼

손도끼(Crash Axe)는 화재 진압 시 방해가 되는 장애물을 부수는 데 사용하며, 손도끼 자체의 위험성 때문에 조종석 내 보관되어 있다.

7) Smoke Barrier

Smoke Barrier(연기차단 패널)는 항공기 중 2층으로 된 구조의 항공기(B747-400, M747-8i, A380)에 장착되어 있으며, Main Deck(아래층 객실)에서 화재가 발생했을 경우 Upper Deck(2층 객실)로 연기가 올라오는 것을 방지하기 위한 장치이다.

8) Circuit Breaker

Circuit Breaker(전기 차단기)는 항공기 내의 오븐이나 커피메이커 등의 전기를 차단시키기 위한 버튼이다. 검은색 동그란 버튼 모양이며, 전기가 과부하되면 전기 차단기(검은색 동그란 버튼)가 튀어나와 전기를 차단시키게 된다.

과열 현상이 끝난 후 다시 전기를 사용하기 위해서는 튀어나온 전기 차단기를 다시 누르면 되고, 이를 수행하기 전에는 반드시 기장에게 연락한다. 전류 차단기를 이용한 전원 재연결을 1회에 한하며, 만약 전기 차단기를 눌렀는데 또다시 튀어나오는 현상이 발생되면 즉시 사용을 멈춘다.

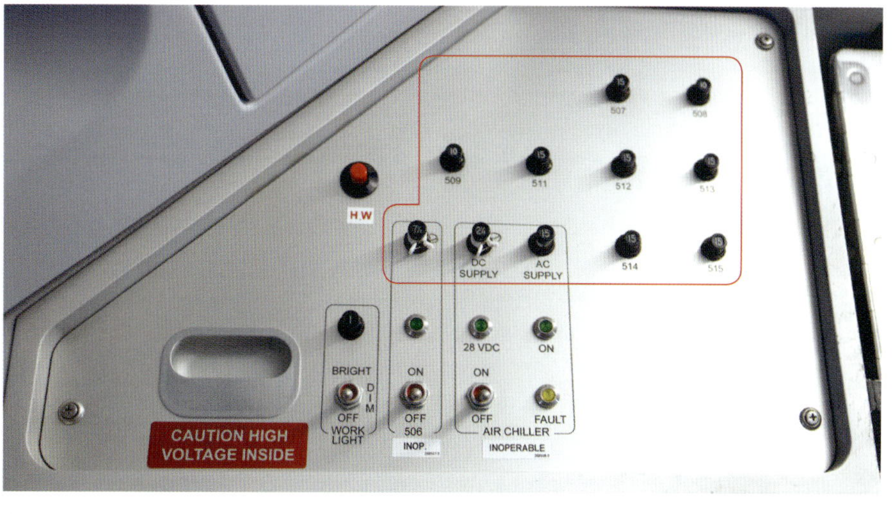

Circuit Breaker

기내 화재 발생 시 조치 요령

객실 화재

- 다른 객실 승무원에게 도움을 요청하여 신속히 기장에게 보고하도록 한다. (정확한 위치, 특성, 색깔, 승무원의 조치사항 및 승객의 반응)
- PBE를 착용하고 필요하면 석면 장갑을 낀다.
- 화재 유형에 맞는 소화기를 선택한다.
- 전기계통의 화재는 전원을 차단하며 Galley의 Circuit Breaker를 차단한다.
- 화재의 근원을 향해 소화기를 발사하여 화재를 진압한다. (소화기의 노즐은 불꽃의 아래쪽을 향하도록 한다.)
- 화재 발생 장소 가까이에 있는 휴대용 산소통을 먼 곳으로 옮긴다.
- 승객들은 화재나 연기로부터 대피시키고, 연기가 많을 경우 좌석 팔걸이보다 아래로 머리를 숙이도록 안내한다.

화장실 화재

- 다른 객실 승무원에게 도움을 요청하여 신속히 기장에게 보고하도록 한다.
- 화장실 문에 손등을 대고 열이 감지되는지 확인한다.
- 문이 뜨거울 경우, 문을 조금만 열고 화재 정도 및 근원지를 확인한다.
- PBE를 착용하고 화재의 근원을 향해 소화기를 발사하고 화재 확산 방지를 위해 즉시 문을 닫는다.
- 만일 화장실의 쓰레기통에서 화재가 났다면 쓰레기통 뚜껑을 열고 내부를 Halon 소화기로 직접 분사한다.

오븐 화재

- 오븐 문을 닫아 산소 공급을 차단한다.
- Galley의 해당 Circuit Breaker를 잡아 당겨서 전원을 차단한다.
- 연기가 많이 발생할 경우에는 PBE를 착용하고 Halon 소화기로 화재를 진압한다.

기내 화재 시 보고의 예

"기장님, 지금 L5 화장실에 기내 화재가 발생했습니다. 하얀 연기와, 종이 타는 냄새가 나고 있으며, 현재 승무원이 Halon 소화기를 이용하여 진압중이고, 승객의 동요는 없습니다. 화재 진압 후 다시 보고 드리겠습니다."

기내 화재 발생 안내 방송의 예

"손님여러분,
지금 비행기 내에 작은 화재가 발생하여 저희 승무원들이 진압하고 있습니다.
저희 승무원들은 이런 경우에 대비하여 잘 훈련돼 있습니다.
손님 여러분께서는 동요하지 마시고 침착하게 승무원의 지시에 따라 주시기 바랍니다."

"Ladies and gentlemen,
a minor fire has broken out in the cabin, but it is now under control.
Please do NOT be alarmed.
We ask you to please follow the instructions of our cabin.
Thank you for your cooperation."

화재 진압 후 안내 방송의 예

"손님 여러분.
조금 전의 화재는 완전히 진화되었으며 지금 우리 비행기는 예정대로 순항하고 있습니다.
협조해 주신 여러분께 진심으로 감사드립니다.
저희 승무원 일동은 목적지에 도착할 때까지 손님 여러분을 안전하고 편안하게 모실 수 있도록 최선을 다하겠습니다."

"Ladies and gentlemen,
the fire has been completely put out.
We are now at a normal cruising altitude, and we will continue to our destination as scheduled.
Thank you for your cooperation and please enjoy the rest of your flight."

Smoke Detector

9) Master Power Shut Off Switch

Master Power Shut Off Switch(주 전원 스위치)는 B747, B777의 항공기 Galley에 설치되어 있으며, Galley 내 화재가 발생한 경우 해당 Galley의 전원을 차단할 수 있다.

10) Smoke Detector

Smoke Detector(연기 감지기)는 기내 화재를 방지하기 위하여 화장실과 승무원 Bunk에 장착된 연기 감지기이다. 연기를 감지하면 고음의 경고음과 적색의 경보 점멸등이 점등되며, 연기가 소멸할 때까지 지속적으로 점등된다.

Reset하기 위해서는 Reset Hole 내에 뾰족한 핀 등의 물체를 넣어 누르면 Horn이 'Off' 된다.

4. 산소 공급 장비

항공기 객실 내의 산소는 여압장치에 의해 지상과 거의 같은 산소를 공급하고 있으며, 객실 내 감압 발생이나 환자가 발생하여 산소가 필요한 경우, 객실 천장에서 내려오는 산소마스크나, 휴대용 혹은 의료용 산소통으로 산소를 공급할 수 있다.

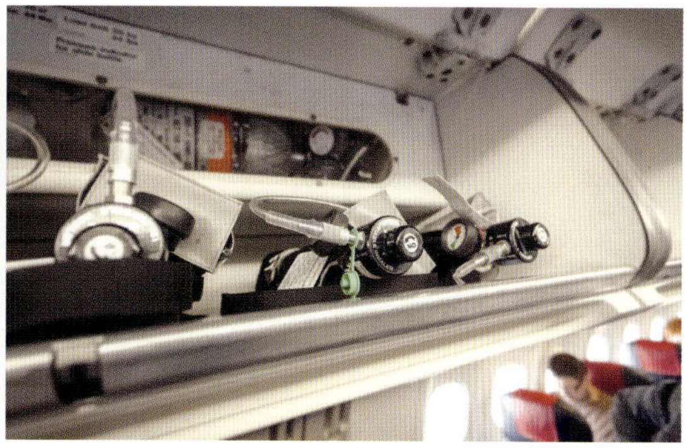

기내에 장착된 Po_2 Bottle

1) Po_2 Bottle

Po_2 Bottle(휴대용 산소통)은 비상시(감압 시) 산소 공급을 위해 승무원 좌석 주변에 비치하고 있으며, 산소마스크가 연결되어 있거나, 바로 옆에 함께 보관되어 있다. 비행 전 점검 시 압력 게이지가 1600PSI 이상인지 확인해야 하며, 사용할 때에는 만일의 감압 사태에 대비하여 500PSI 정도는 남겨 놓는다.

사용법

- 산소마스크의 튜브 끝에 있는 Fitting이 Portable Oxygen Outlet에 잘 고정되어 있는지 확인한다.
- Po_2의 켜짐과 꺼짐 밸브를 반시계 방향으로 충분히 끝까지 돌린다.
- 산소가 호스를 통하여 흐르는지를 확인한다. (산소가 저장되는 용기와 마스크 사이를 손으로 쥐어서 저장 용기가 부풀어 오르

참고

Hi Outlet은 77분(4리터/분), Low Outlet은 154분 정도(2리터/분) 사용 가능하다.

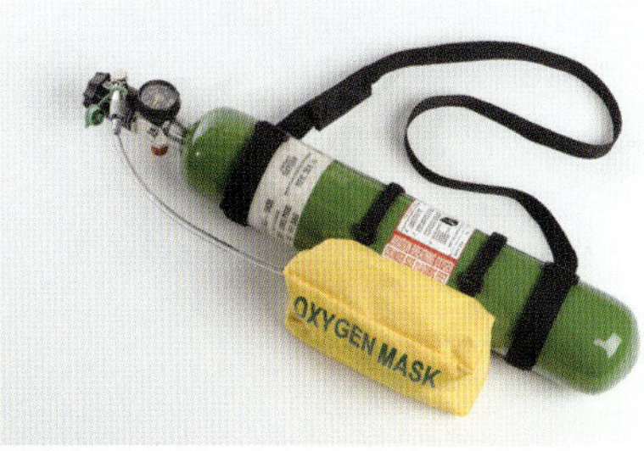

휴대용 산소통

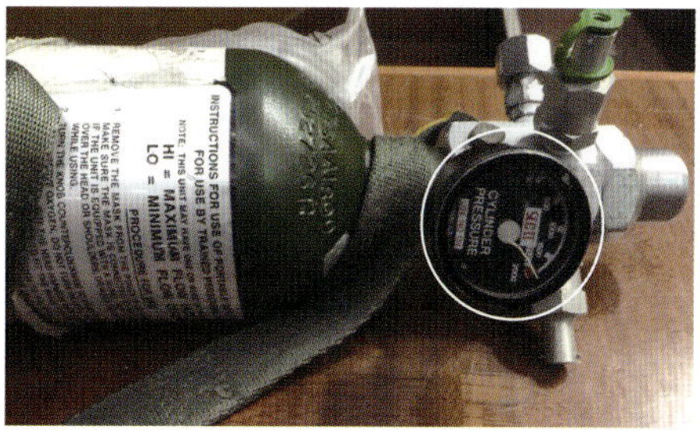

1600PSI 이상인지 확인

유아동반 산소마스크 쓰는법

1

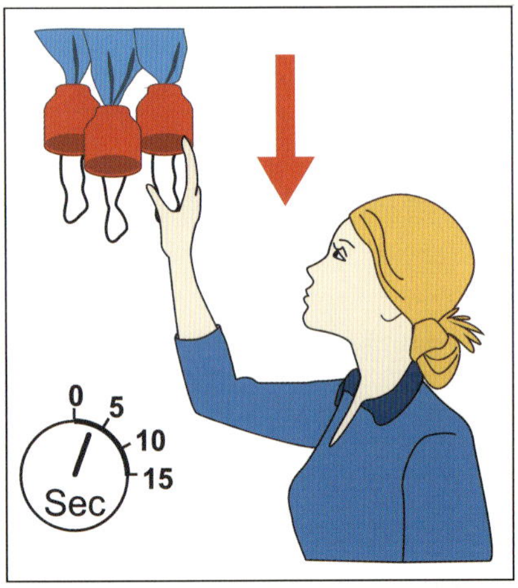

자동으로 내려 온 산소마스크를 잡아 당긴다.

2

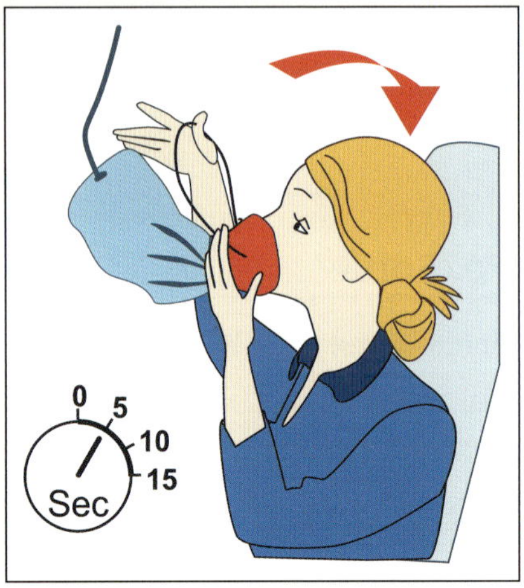

산소마스크를 코와 입에 대고 끈으로 머리에 고정한다.

3

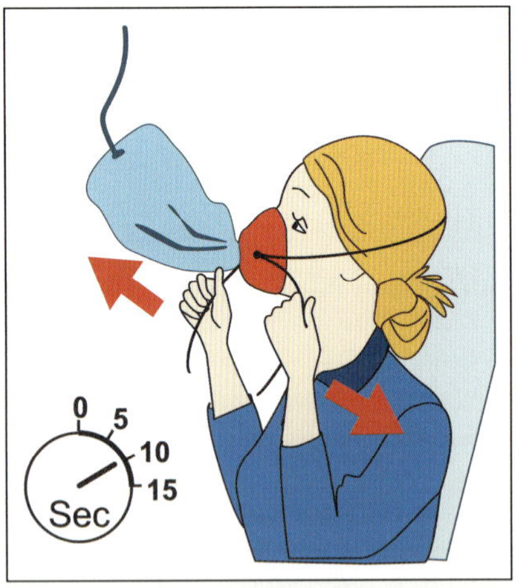

산소마스크가 흘러내리지 않도록 마스크 양쪽의 끈을 잡아당겨 고정한다.

4

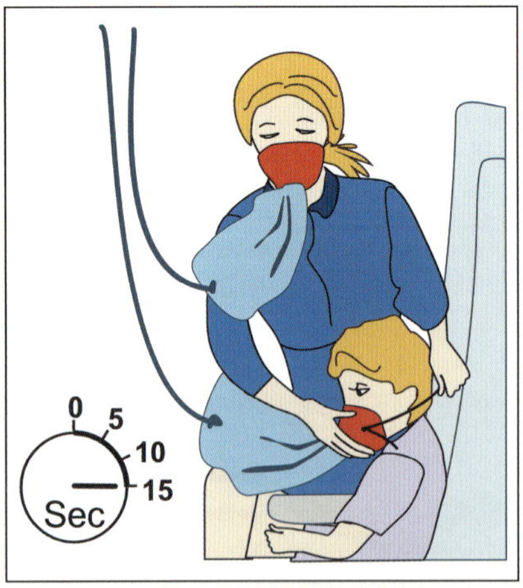

보호자가 먼저 착용한 후 아이의 산소마스크를 씌운다.

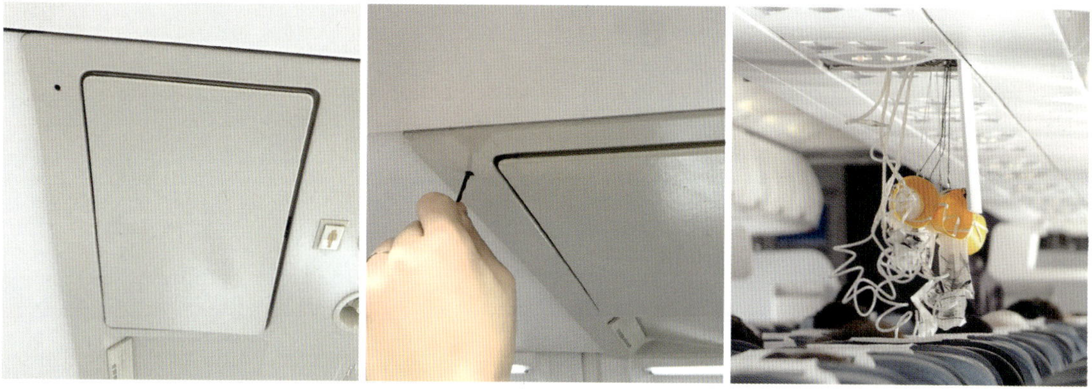
산소마스크 Hole에 뾰족한 물건을 넣어 수동으로 여는 모습

는 것을 확인하는 방법)

- 산소마스크를 코와 입에 대고 고무밴드를 이용하여 머리에 고정한다.
- 산소의 흐름을 계속 확인하면서 호흡을 한다.
- 매 5분 간격으로 점검한다.

2) 비상시 항공기에서 공급되는 산소마스크

객실 고도가 14,000FT 이상에 달하면 승객 좌석 위에서 자동으로 내려오며 마스크를 세게 잡아당기면 핀이 빠지면서 산소가 대략 15분간 자동으로 공급된다(기종에 따라 상이하다). 만일 마스크가 자동적으로 내려오지 않을 경우 Release Hole을 Release Tool이나 뾰족한 물건으로 누르면 산소마스크 보관 컴파트먼트가 열리면서 마스크가 내려온다.

A380 산소마스크가 내려 온 모습

5. 응급의료 장비

기내에서 발생할 수 있는 응급환자에 대비하여 항공기에 탑재되는 의료장비이다.

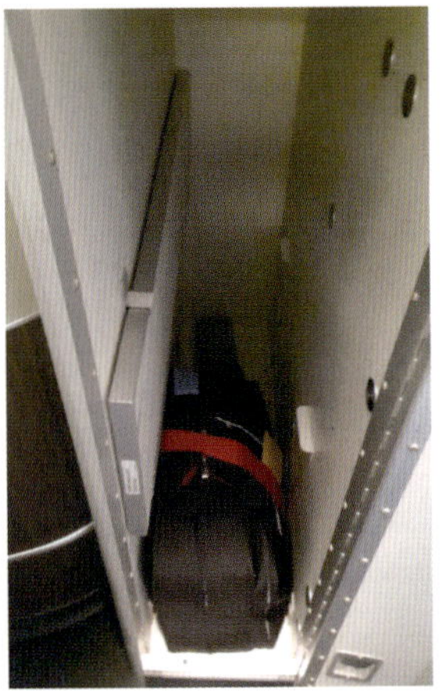

기내에 보관되어 있는 EMK

1) EMK

비행 중 응급환자 발생 시 간단한 외과수술 및 전문적인 치료를 위하여 EMK(Emergency Medical Kit)가 탑재된다. 의사 면허를 소지한 사람이 사용할 수 있으며, 왕복 2개가 탑재된다. EMK를 사용하기 위해서는 기장에게 보고한 후 사용한다.

내용품

1회용 주사기 및 주사바늘, 지혈대, 혈압계, 청진기, 기관 카테터, 외과용 마스크, 도뇨관, 체온계, 인공기도, 진통제, 항히스민제, 아드레날린, 포도당, 아스피린, 진통제, 니트로글리세린 정제, 아드레날린제, 기관지 확장제, 이뇨제, 항경련제, 자궁 수축제, 생리식염수, 탯줄 집게, 반창고, 의료장갑, 거즈, 부신피질 스테로이드 등이 들어있다.

사용법

- 의사나 전문 의료인이 요청 시 제공하고 Seal을 뜯어 사용한다.
- 사용 후에는 사용한 의료인에게 EMK 내부에 In-Flight Medical Record 3부를 작성하도록 요청한다.
- 사용하지 않은 의약품은 구급용품 박스에 보관하고 밀봉한다.

2) FAK

FAK(First Aid Kit)는 일반 환자에게 사용할 수 있는 구급상자로 좌석 50석당 1개 씩 의무적으로 탑재되어야만 한다.

기장이나 의사의 허락 없이 객실 승무원이 사용할 수 있으며 사용 전에는 Seal이 되어 있으며, 한 번이라도 사용한 후에는 다음 비행 전까지 새것으로 교환해야 한다.

내용품

거즈, 붕대, 반창고, 부목, 1회용 밴드, 지혈용 압박 붕대, 멸균 압박 붕대, 의식회복용 암모니아 흡입제, 화상 치료용 거즈, 타이레놀, 멀미약, 점비약, 항히스타민제, 제산제, 지사제, 1회용 의료용 장갑, 손 세정제, 가위, 핀셋, 체온계, 인공호흡용 마스크, 베타딘 Swab 또는 멸균 면봉, 매뉴얼 책 등이 들어있다.

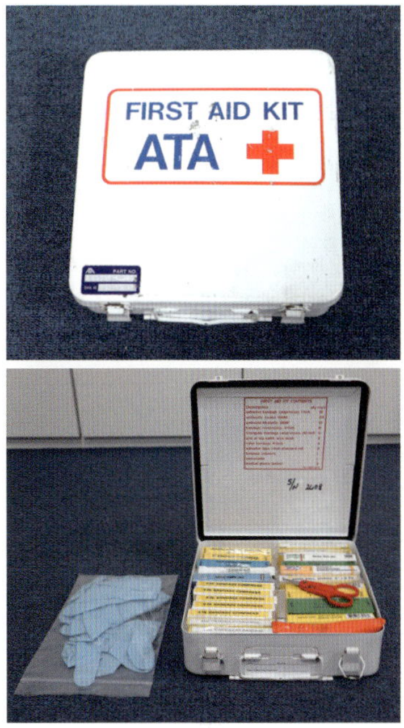

FAK 구급상자

사용법

- Seal을 뜯어 사용하고, 사용하지 않은 약품은 원래의 위치에 보관한다.
- 사용 후에는 객실 정비일지(CDL)에 사용내역을 기재하여 교체하도록 한다(126~128페이지 참조).

3) AED

AED(Automated External Defibrillator)는 호흡과 맥박이 없는 환자에게 순간적으로 고압 전기충격을 주어 심장 기능을 회복할 수 있도록 도와주는 의료기구이다.

전기 충격을 위한 두 개의 패드와 가슴 털을 제모할 수 있도록 면도기가 들어있다.

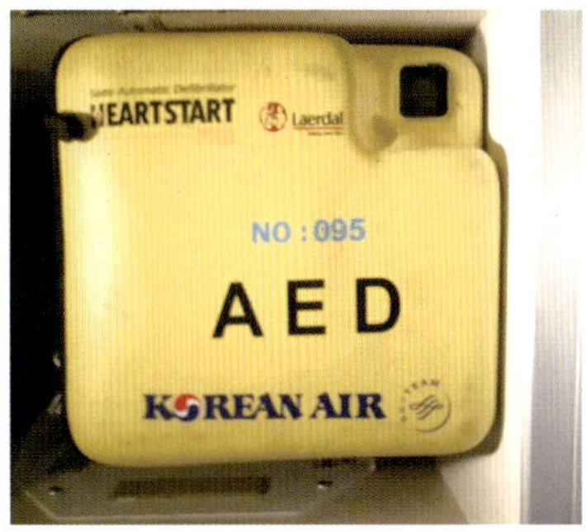

기내에 탑재된 모습

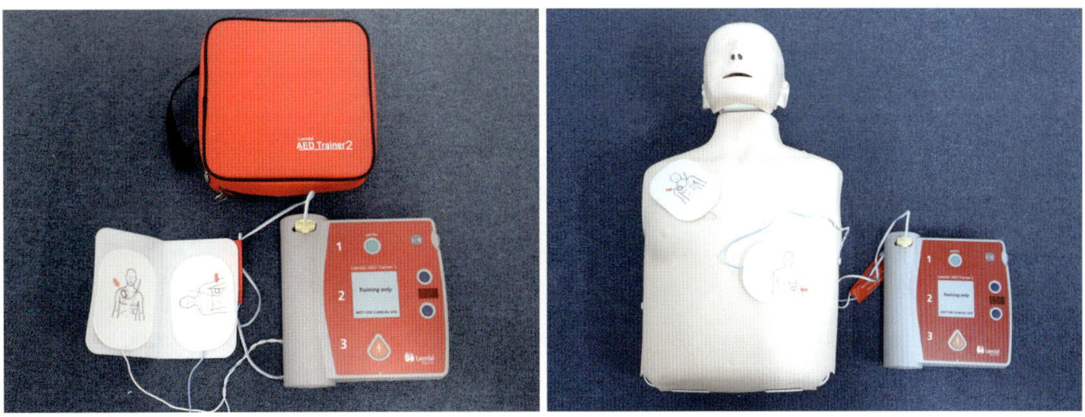

AED 내부의 패드와 본체

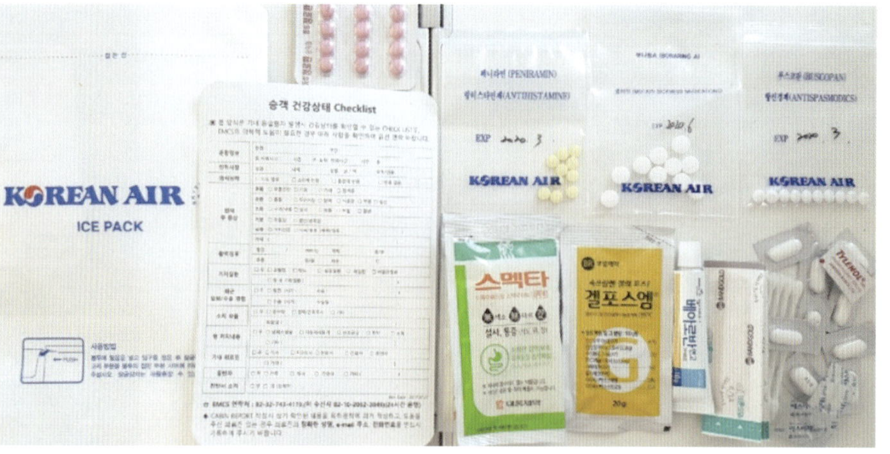

Medical Bag 내용품

4) Medical Bag

Medical Bag은 객실 승무원이 소지하고 있는 일상적인 구급함이다.

내용품

일회용 밴드, 소화제, 타이레놀, 지사제, 화상 연고, 안티프라민, 인공눈물, 베타딘 Swab, 항히스타민제, 얼음주머니, 멀미약 등이 있다.

5) Resuscitator Bag/AMBU–Bag

심폐소생술 및 인공호흡을 실시할 때 사용되는 보조기구로서 환자에게 산소를 공급하기 위해 사용된다.

EMK 손잡이에 묶여 탑재되며. 비행 전 정위치에 탑재되어 있는지 확인한다.

내용품

수동식 인공호흡기 및 마스크, 청진기, 탈지면, 얼음주머니, 승객건강 Check-List, 전자 체온계, 압박 붕대, 혈압계, 수은 체온계 등이 들어있다.

6) UPK

UPK(Universal Precaution Kit)는 환자의 체액이나 타액의 접촉으로 발생할 수 있는 오염 가능성을 줄이고 오염된 곳을 위생적으로 닦기 위하여 사용한다. 환자의 체액에 의해서 오염된 의료용품을 안전하게 폐기하기 위하여 사용된다.

UPK는 Resuscitator Bag 안에 들어있다.

내용품

장갑, 마스크, 가운, 오염물 처리용 Bag, 사용안내서 등이 들어있다.

7) Stretcher

Stretcher(스트레처)는 중환자, 수술 환자, 부상 환자 등 누워서 이동해야 하는 승객을 위한 침대를 말한다. 일반석 6개를 연결하여 장착하며, 비행 중 기류 불안정에 대비하여 안전벨트로 환자의 몸을 고정해야 한다.

8) On Board Wheelchair

On Board Wheelchair(기내용 휠체어)는 기내 복도에서 사용할 수 있는 부피가 작은 휠체어이다. 일반용 휠체어를 타고 항공기 출입구까지 온 승객이 기내용 휠체어로 바꿔 탄 후 자리로 이동하며, 항공기가 순항 중 거동이 불편한 승객이 화장실이나 다른 장소로 이동할 때 사용한다. 항공기에는 반드시 1개 이상 탑재되어야 한다.

6. 비상탈출 장비

1) ELS

ELS(Emergency Light Switch)는 항공기에서 비상탈출 시 시야를 확보하고 항공기 내부와 외부의 탈출 경로를 밝히기 위해 사용하는 비상등 스위치이다. 기내 전원공급이 안 되더라도 자동으로 비상구까지 안내하며, 대개 조종실 안이나, L1이나 L2 승무원 패널에서 켤 수 있다.

ELS(오른쪽 맨 끝의 뚜껑 달린 버튼)

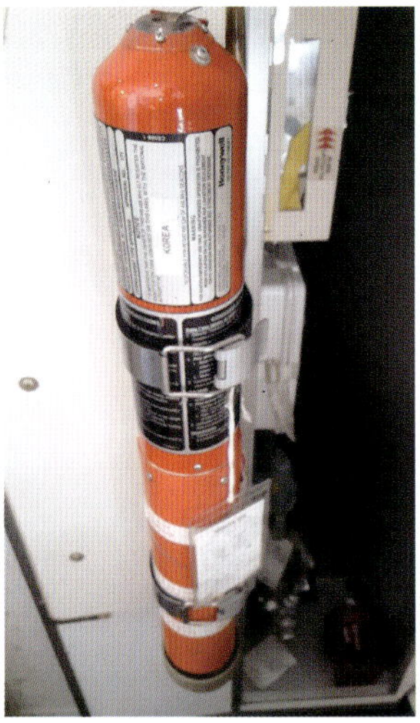

ELT

2) ELT

ELT(Emergency Locator Transmitter)는 항공기가 비상착륙 혹은 비상착수 시에 조난 신호를 보낼 수 있는 장치이다. 비닐 커버를 벗기고 물에 담그면 작동되며 조난신호는 24~50시간 정도 작동하며 320km까지 송신 가능하다(반드시 물이 아니더라도 액체 형태의 모든 것에 작동한다).

수상에서의 사용법

- ELT를 구명정에 묶은 후, 물에 던지면 자동으로 수면 위로 떠오른다.
- 안테나를 고정시킨 테이프가 물에 녹으며 안테나가 세워진다.
- 송신을 중단하고 싶으면 ELT를 평평한 바닥에 눕히거나 거꾸로 세워서 내부의 물을 제거한다.

지상에서의 사용법

- 안테나를 고정시킨 테이프를 뜯어 안테나를 세운다.
- ELT 하단에 보관되어 있는 플라스틱 봉지에 ELT를 먼저 넣고, 수분(물, 주스, 소변 등)을 ELT 중간 부분의 구멍 높이 이상 올라오도록 넣는다(염분이 있는 물이나 차가운 물을 사용하면 발신 시간이 다소 연장된다).
- 주파수 발신에 방해되지 않도록 언덕이나 나무 위 등에 위치시킨다.
- 주기적으로 물을 휘저어 주고, 물을 교체해 주면 배터리 성능이 좋아진다.

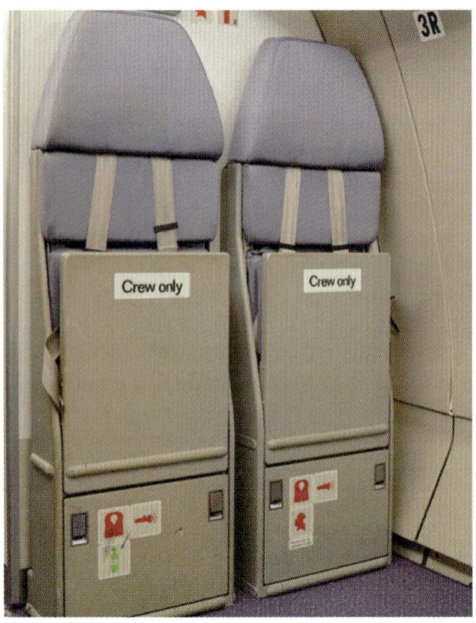

Jump Seat 하단에 위치한 승무원용 구명복

3) 구명복

구명복(Life Vest)은 항공기가 바다나 호수 등에 비상착수하는 경우 익사 방지 및 체온강하를 방지하는 데 사용한다. 구명복은 승객용과 승무원용이 있는데 다른 점이 몇 가지 있다. 승객용은 좌석 아래에 보관되어 있으며 노란색이고, 승무원용은 Jump Seat 아래에 보관되어 있으며, 주황색으로 표준화되어 있다. 항공사마다 구명복의 모양은 조금씩 상이하다.

구명복 착용법

1

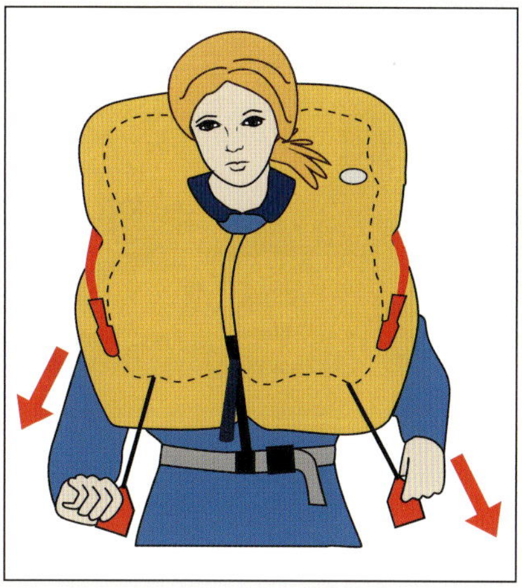

붉은 손잡이를 잡아당기면 구명복이 부푼다(단, 탈출 직전 비상구 앞에서 부풀리도록 한다).

2

구명복이 충분히 부풀지 않거나, 탈출 후 바람이 빠지기 시작하면 양쪽의 고무관을 힘껏 입으로 분다.

3

구명복에는 야간에 빛을 내는 Light가 장착되어 있다.

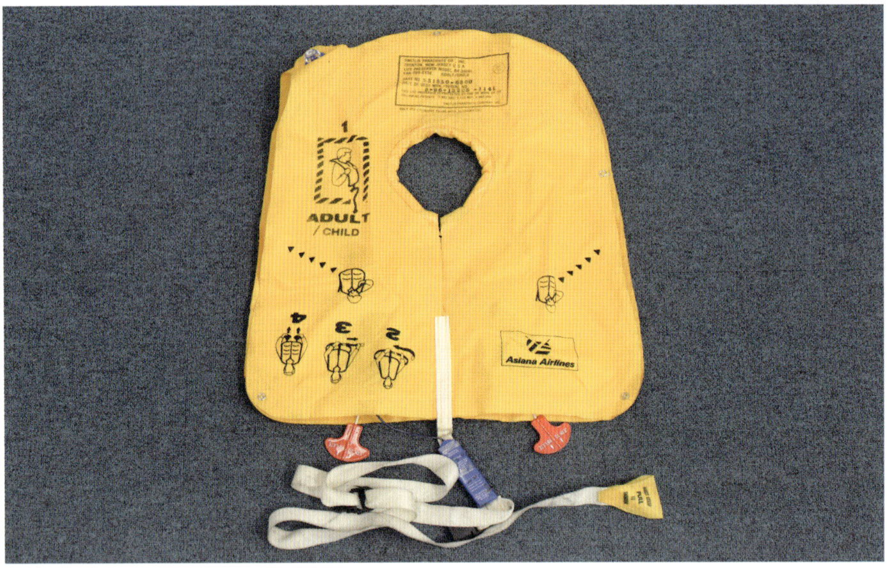

승객용 구명복

또한 구명복은 연령에 따라 성인용과 유아용으로 구분되며, 유아용 구명복에는 성인용과 연결할 수 있는 끈이 장착되어 있다. 구명복은 반드시 탈출 직전 비상구 앞에서 팽창시켜서 탈출 시 사용한다.

주의사항

- 구명복은 뒤집어 사용할 수 있다.
- 공기를 빼낼 때는 양쪽의 붉은색 고무관 끝에 있는 핀을 누른다.
- 구명복에는 야간에 빛을 내는 Light가 설치되어 있고 구명복의 'PULL TO LIGHT'라고 표시되어 있는 Tap을 당기면 배터리 구멍이 나타나며 이곳에 물이 들어가면 Light가 자동으로 켜지고 약 8~10시간 동안 지속된다.

4) Flash Light

Flash Light(손전등)는 비상사태 시 승객을 탈출구로 유도하고 시야를 확보하기 위하여 사용하며, Jump Seat 주변에 장착되어 있다. 별도의 스위치 없이 장탈하면 자동으로 작동된다.

Flash Light에 스위치가 부착되어 있는 타입은 스위치로 'On/Off'를 조절한다.

정상적인 상태의 Flash Light는 LED(Light Emitting Diode)가 3~4초 만에 한

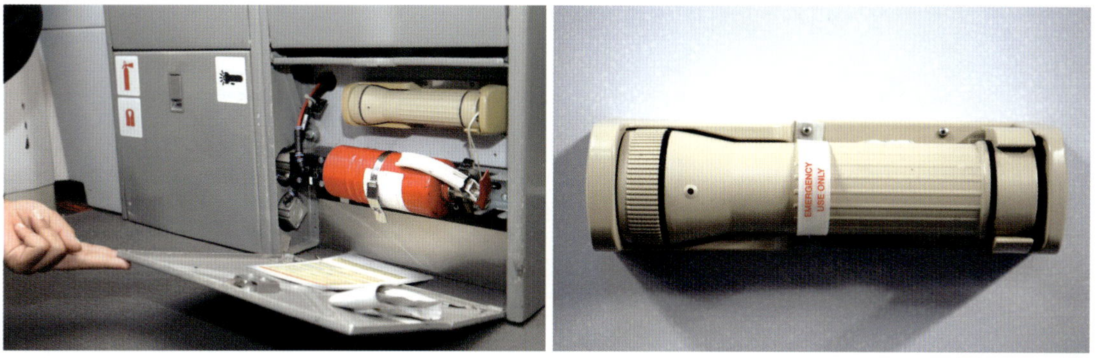

Jump Seat 아래에 위치한 손전등과 소화기

번씩 깜박인다. 배터리는 최소 30분에서 최대 2시간까지 사용이 가능하다.

5) Megaphone

Megaphone은 비상사태 시 기내 방송 장비를 사용하기 어려운 경우나, 탈출 후 승객의 탈출 지휘를 하거나 정보 전달을 하기 위하여 사용한다. 주로 Overhead Bin에 비치되어 있다.

사용법

- Press to Talk 스위치를 누르고 사용한다.
- Volume이 있는 타입은 충분한 음량을 내도록 조절한다.
- 입을 Megaphone에 가까이 대고 사용한다.

Overhead Bin에 보관된 Megaphone(왼쪽)과 Megaphone을 잡은 모습(오른쪽)

7. Raft 내부의 생존 장비

Slide/Raft(탈출용 미끄럼) 또는 Raft(구명정)에는 구명정을 물 위에서 수리하거나 유지하기 위한 장비, 조난 신호를 보내는 신호용 장비 등의 생존용 장비가 있다. 부속 장비가 들어있는 위치는 쉽게 식별할 수 있도록 구명정 표면에 별도로 표시되어 있다.

1) 설치용 장비

Canopy(차양)

승객을 직사광선, 추위 바람으로부터 보호하는 데 사용된다. 비를 이용하여 식수를 모으거나, 표면의 붉은색이 조난 신호를 보내는 역할도 한다.

Sea Anchor(닻)

Raft 정박 시 사용하는 닻의 일종으로 작은 낙하산 형태로 되어 있고 물속에 펴져서 물의 저항을 일으킨다. 구명정의 안정을 유지해주고, 착수한 위치에서 멀리 표류하는 것을 방지해준다.

Canopy Pole

Canopy 설치용 지지대이다.

Hand Pump(펌프)

구명정의 튜브에 공기를 주입하는 도구이다.

Bucket(양동이)

구명정에 고인 물을 퍼내는 도구이다.

Clamp(조임쇠)

구명정이 파손될 때 침수를 방지하기 위해 필요한 수리 도구이다.

Heaving Line(구명줄)

물에 빠진 사람을 구조하는 인양줄로 사용하거나, 구명정끼리 연결하는 데 사용한다.

Knife

Slide Raft를 수리하거나, Mooring Line을 끊을 때 등에 사용하는 다목적 칼이다.

Sponge

구명정 내에 있는 소량의 물을 제거하는 데 사용한다.

2) 생존용 장비

Ration(비상식량)

Ration에는 캔디, 껌, 비타민정 등이 있다.

FAK(구급상자)

FAK에는 안연고, 소독 솜, 화상연고, 붕대, 반창고, 멀미약, 암모니아 흡입제 등이 들어 있다.

Compass(컴퍼스)

위치, 방향을 알 수 있는 나침반이다.

Desalting Kit(정수기)

해수의 염분을 제거하여 식수를 만드는 장비이다.

Survival Manual(생존 교본)

구명정의 생존 장비 및 식용 식물 구분법, 오지 생존법 등 생존에 꼭 필요한 책이다.

Bible(성경책)

생존에 필요한 물질적 도구뿐만 아니라 심리적 안정을 위해 성경책을 구비해 둔다.

3) 신호용 장비

Flare/Smoke Kit(연기 불꽃 발생기)

연기나 불꽃을 발생시켜 조난 위치를 알릴 수 있는 장비로 낮에는 연기(Kit의 오렌지색 부분), 밤에는 불꽃(Kit의 붉은색 부분)을 발생시킨다. 사용 시 바람을 등지고 Kit의 끝부분을 잡고 뜨거운 액체가 떨어질 수 있으므로 구명정 외부로 팔을 뻗어 사용한다.

Sea Dye Marker(해면 염색체)

구명정 주변 바닷물 빛깔을 형광 연두색으로 변하게 하는 염색체로, 구조팀이 보이고 파도가 잔잔할 때 사용한다.

Signal Mirror

태양광선을 반사시켜 조난 위치를 알리는 장비이다.

Whistle(호각)

야간 등에 소리로 조난 위치를 알리는 장비이다.

03

객실 보안

수행 준거

항공기 안전 규정에 따라 승객 탑승 전, 항공기 객실의 보안 장비를 점검할 수 있다.

1. 항공 보안의 정의

항공 보안이란 불법적인 항공 범죄 행위(항공기 납치, 폭파, 기내 불법 행위 승객, 난동 승객)로부터 승객과 항공기를 보호하기 위한 일체의 수단과 방법을 말한다.

2. 항공 보안의 목적

항공기 납치, 폭파 등 불법적인 항공 범죄를 예방, 대응 및 저지하여 승객과 항공기의 안전을 확보하는 것이다.

3. 항공 보안의 필요성

첫째, 승객과 항공기의 안전 확보, 둘째, 항공기의 안전 신뢰도 확보, 셋째, 국가적인 차원의 공익성 제고를 위해 항공 보안이 필요하다.

4. 법적 근거

- 항공보안법 제23조
- 항공기 운항안전법(제1조~제6조)
- 사법경찰관리의 직무를 행할 자와 그 직무범위에 관한 법률(제7조)
- 국가 보안업무규정(대통령령 제35조~제37조)
- 국가 대테러 활동지침(제47조)
- 항공기 내에서 범한 범죄 및 기타 행위에 관한 협약(동경조약 제3장)
- 항공기의 불법납치 억제를 위한 협약(헤이그조약 제1조~제3조)
- 민간 항공기의 안전에 대한 불법적 행위 억제를 위한 협약(몬트리올조약 제1조~제3조)
- ICAO 협약 부속서(6,17) 및 ICAO/IATA SECURITY MANUAL
- 보안업무규정(제7장), 항공보안대책규정, 운항규정(제4장~제6장)

5. 승무원의 권한

- 기장은 승무원을 지휘 감독하며 승객의 안전을 위하여 필요한 사항에 대해 명령할 수 있다.
- 기장 및 승무원은 항공기 내에서 범죄의 예방, 진압 및 조사와 이를 위한 검문, 검색, 구속, 하기 조치, 관계기관에 인도 등과 필요한 Taser(테이저) 및 포승줄, Tie-Rap(타이랩)과 같은 장구를 사용할 수 있다.

6. 승무원의 책임

- 승무원은 승객의 인명과 재산 및 항공기에 대한 안전 확보의 책임을 진다.
- 승무원은 승객 및 항공기에 비상사태가 생긴 경우 필요한 대책을 강구해야 하며, 승객보다 먼저 항공기를 떠나서는 안 된다.
- 승무원은 사고가 발생했을 경우 및 타 항공기의 사고 발생 사실을 알게 되었을 경우 보고해야 한다.
- 승무원은 범인을 구속한 상태로 항공기가 착륙했을 때 계속 범인을 구속한

비상구 옆에 장착된 비상벨

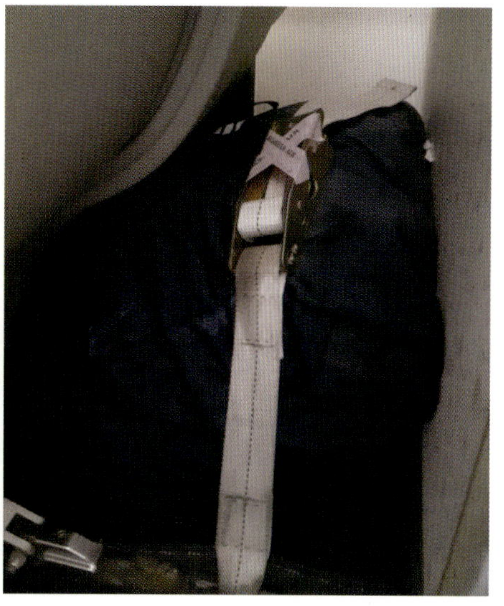

승객 좌석 뒤에 장착된 방폭 담요

상태로 이륙해서는 안 된다. 단, 구속된 자가 구속된 상태로 탑승에 동의하거나 하기시킬 수 없는 사유 발생 시에는 예외이다

- 승무원은 범인을 인도할 때에는 직접 관계기관에 인도해야 하며 범인을 인수한 승무원은 항공기 내에서 구속을 계속할 수 없을 때에는 관계기관에 지체 없이 인도해야 한다.
- 기장은 운항 중 기내 보안 업무에 관한 총괄적인 지휘 및 관리 감독을 하며, 사무장은 객실 내 보안 업무에 관한 1차적인 지휘 및 관리 감독을 한다.

7. 보안 장비 품목 및 점검 요령

품목	점검 요령
포승줄	정위치
Tie-Rap	정위치
Taser	정위치
방폭 담요/재킷	정위치
비상벨	정위치, 작동 여부

8. Taser 사용

- Taser는 전기충격기의 일종으로 항공기 기내에서 위급한 상황 시에만 사용이 가능하다. 반드시 설득 및 무력으로 제압이 불가능한 테러리스트 및 인명 손상 가능성이 있는 난동 승객에 한해 사용해야 한다.
- 목숨이나 육체적 · 물리적 위협 행위가 있을 때, 또는 테이저 사용 없이 테러나 Hijacking 또는 Bomb Threat로부터 목숨이나 비행기의 재산을 지킬 수 없다고 최종 판단되면 사용할 수 있다.
- 승객이나 승무원의 생명 또는 신체가 긴급한 위험에 처했을 때, 혹은 항공기 비행안전 유지가 위태롭다고 판단될 때에만 소정의 무기 교육을 이수한 승무원에 한해 사용될 수 있다.

- Taser를 발사 후 더 이상 실탄을 장전할 수 없을 때는 전기충격기(스턴건)로 사용할 수 있다.
  - 최대 유효 사격 거리: 6.5m
  - 적정 사격 거리: 2~3m

Taser 사용 시 명령어

난동 행위를 멈추지 않으면 전자충격기를 사용하겠습니다!!
자리에서 엎드리고 손을 뒤로 하십시오!!

I will shoot you. If you do not immediately stop these acts of unlawful interference.
Throw yourself down on your knees with your hands behind your back!
테이저! 테이저!

9. 객실 보안 활동

1) 운항 전 보안 활동

항공기 내부 및 외부 점검

- 기장은 항공기 외부 및 조종실 내부를 Check-List에 의거 점검하며, 객실 승무원은 객실 내부 및 기내 보안 장비를 담당 구역별로 Check-List에 의거 점검한다.

- 승무원은 불필요한 인원(물품)의 기내 출입(반입)을 통제하고, 기내 작업 요원에 대한 감시 · 감독을 철저히 한다.

기내 탑재 물품 점검

- 기내식, 기내용품의 항공기 내 반 · 출입 시 확인 검사를 실시한다.
- 기내 보안 점검은 비행 전 Pre-Flight Check와 동시에 이루어져야 하며 사무장은 객실 전반에 대한 보안 점검 확인 후 이상 유무를 기장에게 보고한다.

2) 운항 중 보안 활동

- 안전 운항을 위하여 운항 중에는 Walk Around한다.
- 조종실 출입통제
  - 조종실은 통제구역으로 설정하며 조종실 출입문은 승객 탑승 전 닫은 후 잠그고 승객 하기 후 개방하는 것을 원칙으로 한다.
  - 출입 대상자는 해당 항공기의 승무원과 운항 본부장이 조종실 출입을 허가한 자(Cockpit Auth 소지자)여야 한다.
  - 출입허가 신청 및 발급 대상자: 건교부, 전파 관리국, 기타 감독기관의 검사관
- 조종실 출입 절차(2인 1조로 움직임)

조종실 내부

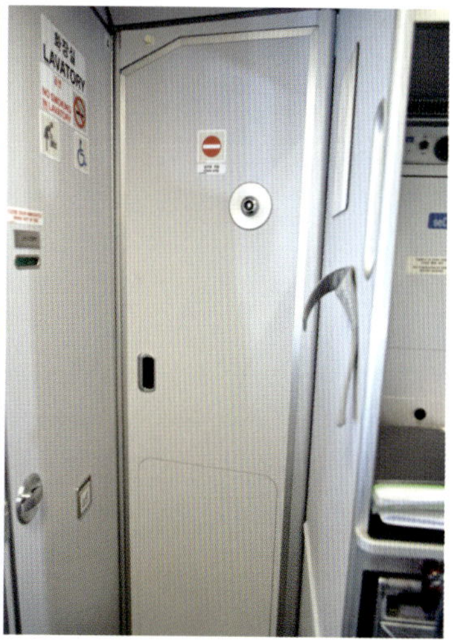

조종실 문

– 기장에게 인터폰으로 연락한다.
– 조종실 근처 화장실 및 Galley에 승객 존재여부 확인 후 커튼을 닫아 승객에게 노출을 금지한다.
– 사전에(운항 브리핑 시) 결정된 방법에 따라 노크 후 Key Pad에 Normal Access Code를 입력한다.
– 객실 승무원 1명은 조종실 출입구 앞에서 객실을 바라본 자세로 위치한다.
– 조종실에서 나올 때 광폭렌즈를 통해 외부 상황을 확인하고 안전이 유지되면 나오고, 다른 승무원은 외부에서 경계한다.

3) 운항 후(경유지 및 Lay Over 공항) 보안 활동

Ground Time이란 항공기가 목적지에 도착 후, 기내 청소, 기내식 탑재, 항공기 정비 등을 위해 지상에 머무르고 있는 시간을 말하는데, 이 시간 동안 운항 및 객실 승무원은 특별한 사유가 없는 한 항공기 이탈을 금한다.

해당 항공기로 또다시 운항을 시작해야 하는 경우, 기장과 승무원은 항공기 밖으로 나가 면세점을 들른다거나, 외출을 하는 등의 행위를 금하며, 항공기 안에서 머무른 후 운항을 시작해야 한다.

보안 활동 수행 내용

- 불필요한 인원(물품)의 기내 출입(반입) 통제
- 승객 탑승 전 및 하기 후 기내 보안 점검 실시
- 기내 보안 장비의 이상 유무 확인

04

의심스런 물건 보고

수행 준거

항공기 안전 규정에 따라 항공기 안전 운항에 관계되는 의심스러운 물건에 대하여 신속히 보고할 수 있다.

1. 승객 탑승 전 보안 점검

승객 탑승 전 기장은 항공기 외부 및 조종실 내부를 Check-List에 의거하여 점검하며, 객실 승무원은 객실 내부 및 기내 보안 장비를 담당 구역별로 Check-List에 의거하여 육안 및 촉수로 점검한다.

점검 방법을 살펴보면 다음과 같다.

- 객실 사무장은 보안 점검 Check-List에 의거하여 보안 점검을 실시하도록 지시한다.
- 객실 승무원은 담당 구역에 나가 다음과 같이 점검한다.
  - 좌석 상단 및 좌우 창 쪽 벽면의 구석진 곳을 살펴본다.
  - 객실 바닥과 Overhead Bin 내부를 육안으로 확인한다.
  - Bulkhead 및 Curtain 등의 구석진 곳을 살펴본다.
  - 객실 내 모든 컴파트먼트를 열어 살펴본다. (천장에 위치한 컴파트먼트 포함)
  - Jump Seat 및 Jump Seat 하단의 구명복 보관 장소를 열어 살펴본다.

– Door 주변, 코트룸 내부, 잡지 Rack 내부를 살펴본다.
– Bunk 내부에 들어가 살펴본다.
– 화장실 천장, 서랍, 거울 뒷면 내부, 쓰레기통 등을 열어 살펴본다.
– Galley의 모든 컴파트먼트를 열어 점검한다.
– Seal(봉인) 상태를 확인한다.

- 의심스러운 물건이 발견되면 즉시 점검을 중지하고 의심 물건을 만지거나 다른 장소로 이동하지 않은 상태로 객실 사무장이나 기장에게 보고한다.
- 기내식 카트는 봉인된 상태로 탑재되며 객실 승무원이 봉인 상태 및 기내식을 점검하고 이상이 있는 경우 기내식 탑재 담당자를 불러 내용물을 재검사하도록 한다.
- 보안 점검 후 이상이 없더라도 사무장에게 이상 없음을 보고하고 사무장은 기장에게 보안 점검 결과를 보고한다.

2. 승객 탑승 후 항공기 내 폭발물 발견 시 처리 대책

대한항공(KAL) 858기가 1987년 11월 29일, 북한 공작원 김현희 등에 의해 미얀마 안다만 해역 상공에서 폭파된 사건을 기억할 것이다.

기내에서 폭발물이 발견되면 지상에서와는 달리 장소의 제한적인 조건과 더불어 외부의 도움을 받을 수 없기 때문에 상당히 위험한 사태에 놓이게 된다. 이에 객실 승무원은 사전에 훈련된 절차에 따라 신속한 보고 및 대처능력을 함양해야 한다.

1) 비상연락 방법

- 객실 승무원은 인터폰으로 기내 상황을 기장에게 보고한다.
- 객실에서 조종실로 기내 상황을 보고할 때에는 폭발물의 외형 및 크기, 종류, 수량, 탑재 위치, 성능 등 기타 정보를 포함하여 보고한다.

2) 조치 요령

항공기가 운항 전(지상에 있을 때)일 경우

- 사무장은 폭발물 주위 승객을 긴급히 대피시키고 전 승객으로 하여금 좌석 등받이 뒤로 은폐 · 엄폐토록 한다.
- 전 승객을 긴급히 질서 있게 하기시킨다. 하기 시 개인 휴대품을 지참토록 하고 필요시 Escape Slide를 사용한다.
- 전 승객을 항공기로부터 안전거리(200m 이상) 밖으로 대피시킨다.
- 필요시 항공기를 관제탑에서 지정하는 Spot으로 이동시킨다.
- 폭발물 처리 전문가 도착 시까지 폭발물에 대하여 촉수를 엄금한다.
- 필요시 승객 신체 및 휴대품과 제반 탑재물에 대한 재검색을 실시한다.

폭발물 피해 최소구역 (LRBL: Least Risk Bomb Location)

항공기 오른쪽 제일 뒤쪽 Door 근처

항공기가 운항 중(공중에 있을 때)일 경우

- 사무장은 폭발물 주위 승객을 긴급히 대피시키고 전 승객으로 하여금 좌석 등받이 뒤로 은폐 · 엄폐토록 한다.
- 기장은 관제탑에 통보한 후 고도를 안전고도(14,000FT)로 하강하고 비상착륙 준비를 한다.
- 방탄조끼를 착용하고 방폭 매트, 베개, 담요 등으로 폭발물을 덮는다. (방폭 조치 시 폭발물이 압력을 받지 않도록 유의한다.)
- 폭발물이 폭발 시 안전 운항에 치명적인 영향을 초래할 가능성이 있는 위치에 있는 경우 폭발물을 기종별 폭발물 피해 최소 구역으로 옮긴다.
- 비상착륙 후 관제탑에서 지정하는 Spot에 주기(駐機)한다.
- 전 승객을 긴급히 하기시킨다.
- 하기 시 개인 휴대품을 지참토록 하고 필요시 Escape Slide를 사용한다.
- 전 승객을 항공기로부터 안전거리(200m 이상) 밖으로 대피시킨다.
- 폭발물 처리 전문가 도착 시까지 폭발물에 대하여 촉수를 엄금한다.
- 필요시 승객 신체 및 휴대품과 제반 탑재물에 대한 재검색을 실시한다.

현 | 장 | 사 | 례

국내 항공기 납치 및 폭파 사례

- **KNA DC-3 납북 사건(1958. 2. 6.)**
  부산발(수영공항) 서울행 항공기를 수원 상공에서 범인이 무기로 조종사 위협 납북
- **KAL YS -11 납북 사건(1969. 12. 11.)**
  강릉발 서울행 항공기를 강릉 상공에서 범인이 무기로 조종사 위협 납북
- **KAL F-27 납북 미수 사건(1971. 1. 23.)**
  속초발 서울행 항공기를 강릉 상공에서 범인이 사제 폭탄으로 조종사 위협하여 납북 시도하려는 것을 남승무원이 사살하여 납북 미수
- **KAL B707 공중 폭파 사건(1987. 11. 29.)**
  바그다드발 서울행 항공기가 범인(김승일, 김현희)이 기내에 두고 내린 라디오 및 액체 폭발물에 의하여 미얀마 근해 안다만 해역 상공에서 공중 폭파

05

기내 작업 인력

수행 준거

항공기 안전 규정에 따라 기내 작업 인력에 대한 동향을 파악하여, 이상 발생 시, 보고할 수 있다.

승객 탑승 전 기장 및 객실 승무원의 비행 준비 시간 동안 기내에는 많은 기내 작업 인력이 드나든다. 예를 들면, 기내 정비사, 기내 청소 인력, 기내식 탑재 인력, 면세품 탑재 인력, 기내 조업 인력 등이다.

이들은 모두 ID를 패용 및 소지하고 있으며, 기내 작업 인력 중 ID 및 기내 출입허가증을 소지하지 않은 직원이 있는지 철저히 확인해야 하며, ID 및 출입증을 제시하지 못하거나 거부하는 경우 즉시 객실 사무장과 기장, 운송 직원에게 보고하여 공항 경찰에 신고될 수 있도록 해야 한다.

기내 탑재 직원

정비사

ID 카드

잠깐! 점검해 볼까요?

02

객실 안전

1. Halon 소화기의 점검 요령은 무엇입니까?

2. H_2O 소화기의 점검 요령은 무엇입니까?

3. Po_2 Bottle의 점검 요령은 무엇입니까?

4. PBE의 점검 요령은 무엇입니까?

5. ELT의 점검 요령은 무엇입니까?

6. AED의 점검 요령은 무엇입니까?

7. Flash Light의 점검 요령은 무엇입니까?

8. FAK의 점검 요령은 무엇입니까?

9. EMK의 점검 요령은 무엇입니까?

10. Smoke Detector의 점검 요령은 무엇입니까?

03

객실 보안

1. 포승줄 점검 요령은 무엇입니까?

2. Tie-Rap 점검 요령은 무엇입니까?

3. Taser 점검 요령은 무엇입니까?

4. 방폭 담요/재킷 점검 요령은 무엇입니까?

5. 비상벨 점검 요령은 무엇입니까?

04 의심스런 물건 보고

보안 점검 시뮬레이션

1. 교수자는 A4 용지나 종이상자 등을 이용하여 가상의 폭발물을 장착하시오(Overhead Bin 구석진 곳이나 화장실 내부 등).

2. 학생들은 담당 구역을 나누어 점검 요령에 의거하여 보안 점검을 하며 숨겨진 폭발물을 찾아 보시오.

3. 폭발물이 발견되면 사무장에게 보고 후 폭발물 처리 절차를 수행하시오.

05 기내 작업 인력

항공기 출입 직원 확인 시뮬레이션

1. A조와 B조로 나누어 기내 출입 직원과 객실 승무원으로 역할을 정하시오.

2. 객실 승무원은 ID를 패용하지 않은 직원을 응대해 보시오.

3. 사무장에게 보고하시오.

항공기 이착륙 전 안전 · 보안 관리하기

3

01

승객 좌석 안내 및 점검

수행 준거

- 객실 안전 규정에 따라 승객에게 좌석 벨트 착용 안내를 정확하게 할 수 있다.
- 객실 안전 규정에 따라 미착석 승객을 확인하고, 착석을 유도할 수 있다.

승객의 탑승은 일반적으로 비행 출발 30분 전에 시작하며(국제선), 경우에 따라서는 40분 전에 실시하는 경우도 있다. 이때 승무원은 각자의 담당 구역에서 환영 인사와 좌석 안내 및 승객의 휴대 수하물 보관을 위한 활동에 적극적으로 협조해야 한다. 또한 좌석 벨트를 착용할 수 있도록 자신의 담당 구역의 승객 모두를 일일이 점검하고 안내해야 한다.

어린이 경우는 베개나 모포를 이용하여 몸에 꼭 맞게 맬 수 있도록 하고, 유아는 보호자가 좌석 벨트를 맨 후, 벨트 밖으로 안아야 한다. 좌석 벨트는 비행기가 흔들리지 않는 경우에도 맬 수 있도록 안내 방송을 통해 적극적으로 권유한다.

특히 승객 탑승 시, 수학여행과 같은 단체 여행객이나, 가족 단위 여행객, 여행사 가이드 등이 좌석에 착석하지 않고, 대화나 안내를 하는 경우가 많으므로 착석하실 것을 정중히 말씀드린다.

항공기 이착륙 전에는 모든 승객이 지정된 좌석에 앉아 좌석 벨트를 착용해야 하므로, 객실 승무원은 철저한 사전 점검을 함으로써 비행 중 일어날 수 있는 모든 상황에 대비해야 한다.

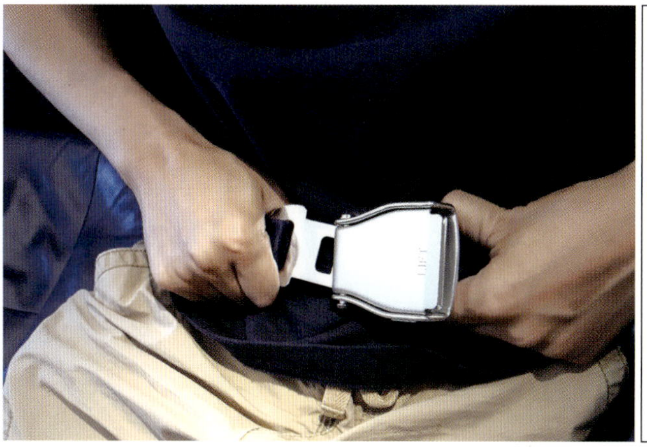

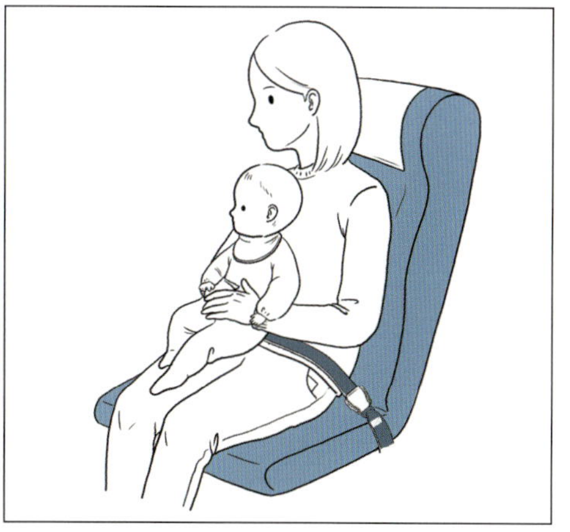

기내 대화문 예시

실례합니다, 손님. 항공기가 곧 이(착)륙 예정입니다.
자리에 앉아 좌석 벨트를 매 주시겠습니까?

Excuse me sir. We will be take-off(landing) shortly.
Please Return to your seat and Fasten your seat belt?

02
의심스러운 승객 보고

수행 준거

객실 안전 규정에 따라 의심스러운 승객 또는 돌발 상황에 대해 선임자에게 보고할 수 있다.

객실 승무원은 승객 탑승 시 좌석 안내와 함께 승객의 의심스러운 행동이 발견되면 항공기의 안전 · 보안에 대비하여 사무장에게 즉시 보고해야 한다.

다음에 해당하는 승객은 탑승 거부가 가능하다. 객실 승무원은 사무장에게 보고하고, 운송 책임자와 협의 절차를 거쳐 승객의 탑승여부를 결정하게 된다.

1. 탑승 중 보고해야 할 승객

- 승객 탑승 시 거동 수상자
- 좌석에 착석하지 않고 주변을 계속 돌아다니는 승객
- 탑승 후 갑자기 다른 이유로 하기하려는 승객
- 이마의 땀을 연신 닦거나 승무원의 시선을 황급히 피하는 승객
- 탑승하자마자 화장실을 들락거리며 불안해하는 승객
- 액체나 고체성 물질을 아주 조심스럽게 다루는 승객
- 만취한 상태이거나 약물에 의해 영향을 받은 것으로 보이는 승객
- 전염병을 앓고 있는 승객
- 정신적으로 불안정하여 타인을 위험에 빠뜨릴 우려가 있는 승객

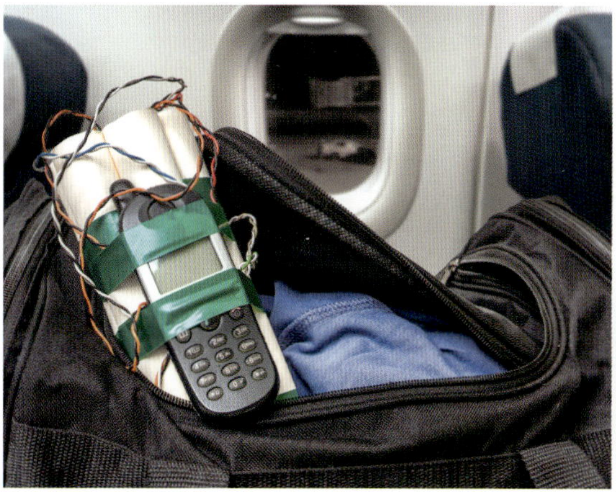

- 타인에게 불쾌감을 주는 특성을 보이는 승객
- 비상구 좌석에 적합하지 않은 승객(비상사태 시 협조자로서의 역할을 할 수 없는 승객)
- 수하물 운송 규정에 어긋난, 지나치게 큰 짐을 소지한 승객
- 제한 품목이나 운송 금지 품목을 소지한 승객

03

비상구 좌석 승객 브리핑

수행 준거

비행 안전 규정에 따라 해당 비상구 위치에 착석한 승객에게 비상시 행동 요령과 업무 협조를 안내할 수 있다.

항공기에서 비상구 좌석은, 앞에 좌석이 없어 다리를 뻗을 수 있다는 장점 때문에 인기가 많은 좌석이기도 하다. 그러나 항공기의 비상사태(비상착륙) 시에는 승무원을 도와 승객의 탈출을 돕는 협조자 역할을 해야 하는 중요한 자리이기 때문에 항공사에서는 좌석에 착석할 수 있는 기준을 두고 있다.

객실 승무원은 승무원은 승객이 탑승하면 비상구 좌석 승객의 적정성을 확인하고, 해당 승객에게 비상시 행동 요령에 관하여 안내해야 한다.

B737-800 비상구 좌석

B787 비상구 좌석

또한 비상구 주변에는 어떠한 짐도 있어서는 안 된다. 만약의 사태에 대비하여 비상구와 비상구 좌석의 승객 관리는 매우 중요한 업무 중에 하나이다.

1. 비상구 열 정의

비상구 열 좌석이란 통로를 거치거나 장애물을 우회함이 없이 직접 비상구로 접근할 수 있는 좌석을 뜻한다.

2. 비상구 열 좌석 착석 규정 관련 객실 승무원의 업무

객실 승무원은 비상구 열 좌석 착석 승객의 적정성 여부를 승객 탑승 시점부터 Push Back 시점 이전까지 확인해야 한다. 비행 중 승객이 비상구 열 좌석으로 이동했다면 착륙 전에 해당 승객의 적정성을 확인하고 브리핑을 실시해야 한다.

객실 승무원은 비상구 열 좌석 착석 승객에게 안내 시 앞좌석 주머니에 있는 Safety Information Card와 비상구 사용법을 설명해야 한다. 비상구 열 좌석 승객 브리핑은 개별적으로 혹은 2~3명을 대상으로 실시할 수 있다.

3. 비상구 열 좌석 착석 불가 승객

- 안전 활동을 수행하기 어려운 15세 미만 승객
- 글 또는 그림 형태로 제공된 비상탈출에 관한 지식을 읽고 이해하지 못하거나 승무원의 구두 지시를 이해하지 못하는 승객
- 콘택트렌즈나 안경을 제외한 다른 시력 보조 장치, 보청기를 제외한 다른 청력 보조 장비 없이는 안전 활동을 수행할 수 없는 승객
- 비상구 좌석 착석 규정 준수 의사가 없는 승객

4. 승객 좌석 재배치

비상구 열 좌석에 배정받은 승객이 부적합하다고 판단되는 경우나 승객이 비상구 열 좌석이 아닌 다른 좌석을 요구할 때 객실 승무원은 신속하게 그 승객을

비상구 열 좌석이 아닌 다른 좌석으로 재배치해야 한다.

승객 좌석 재배치는 항공기가 정지된 상태에서 탑승 업무를 주관하는 운송 직원에 의해 이루어져야 하며, 필요시 승무원이 도움을 제공할 수 있다.

만일 객실에 빈 좌석이 없고 비상구 열 좌석에 착석 가능한 승객이 없는 경우, 해당 비상구 열 좌석은 비워 두어야 하며 승객 중 일부는 하기되어야 한다.

이러한 경우 해당 비상구 열 좌석은 비어 있지만 만석으로 간주한다.

만일 비상구 열 좌석에 착석 가능한 승객이 있지만 해당 승객이 착석을 기피하고 승객 중 하기 지원자가 없는 경우 비상구 열 좌석 착석 기피 승객은 탑승이 거절될 수 있다.

만일 항공기 지상 이동 중 비상구 열 좌석 착석과 관련한 불가피한 문제점이 발생하면 신속히 기장에게 보고해야 하며 이때, Gate로의 복귀 여부는 기장이 결정한다.

5. 비상구 열 탑승객을 위한 브리핑 예문

"실례합니다, 손님. 지상에서 비상구 열 좌석에 관한 안내를 받으셨니까?
네. 그럼 비상 탈출 시 승무원의 안내에 따라 다른 승객의 탈출을 돕는, 협조자 역할을 하시는 데 동의하십니까? 감사합니다.
이 문은 비상시에만 사용되는 문입니다. 승무원의 지시가 있을 경우, 비상구 문을 여는 방법은 ……입니다.

(앞좌석 주머니 속의 Safety Information Card를 꺼내 보여드리면서)

자세한 내용은 앞쪽의 안내문을 참고해 주시기 바랍니다.
협조해 주셔서 감사합니다.
즐거운 비행되십시오."

현 | 장 | 사 | 례

"이륙 전 비상구 자리의 승객에게 승무원들이 비상구 요령에 대해 설명해 주는 것으로 알고 있는데……, 아무런 설명도 듣지 못했습니다. 유사시를 대비해 이륙 전 요령에 대해 설명해 주십시오. 안전에 관한 사항이니 만큼 앞으로 좀 더 신경써 주십시오."

앞좌석 주머니에 들어 있는 안내서

04

전자기기 사용금지 안내 방송

수행 준거

객실안전 규정에 따라 승객에게 전자기기 사용금지 안내 방송을 하고, 조치할 수 있다.

항공기에서는 인가되지 않은 전자기기의 사용을 금한다. 이는 비행 전 준비를 포함하여 지상 및 비행 중 모든 단계에 있어 '전자기기 사용 금지 및 제한' 규정을 준수하도록 승객에게 요청해야 한다.

항공기 내 전자기기 사용과 관련하여 기장은 최종 권한을 갖는다. 전자기기의 사용을 중지하지 않는 승객이 있을 경우 객실 승무원은 구두로 전자기기의

사용이 비행 안전에 영향을 미치고 이러한 행위가 위법이라는 사실을 승객에게 충분히 납득시켜야 한다.

지난 2015년 3월 1일부터 비행 중 휴대용 전화기 사용 확대가 시행되고 있어 비행기 모드로 전환 시 기내에서 항시 사용 가능하다.

기내에서의 전자기기 사용 규정은 다음과 같다.

구분	전자기기 종류
상시 사용 금지	• AM/FM 라디오, TV, 휴대용 TV 수신기 • 케이블로 연결하여 사용하는 컴퓨터, 게임기의 주변기기(프린터, 팩스) • 원격 조종 장난감 • 아마추어 무선 송신기 • 송수신 장치가 있는 상업용 무전기
항공기 Door Open 중 사용 가능	• 외선사용 GPS 수신기 • 무선 호출기 • 무선 통신 기능이 꺼진 PDA, 스마트 기기 및 휴대용 전화기
상시 사용 가능	• 개인용 생명 보조 장치 • 인공심장 박동기 및 기타 인공 장기, 보청기 • 사전 허가된 의료지원 장치 • 휴대용 녹음기, 전기면도기, 전자시계, 개인 소음 방지용 헤드폰 • 항공사에서 설치한 전자장비 • 전자게임기, 블루투스 통신방식 기기, 비디오카메라 • CD/MD/MP3

휴대전화 금지 안내 방송

안내 말씀 드리겠습니다. 지금 휴대용 전화기를 사용하기는 분께서는 손님 여러분의 안전을 위해 즉시 전원을 꺼 주시기 바랍니다.

Ladies and gentlemen,
all passengers are kindly requested to turn off all mobil phones now.
Thank you for your cooperation.

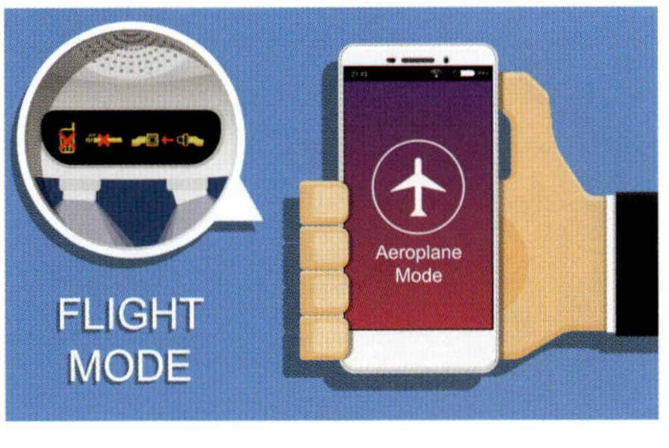

참고

항공기에서의 휴대전화 사용은 이착륙과 운항 중에 관제탑과 지속적으로 교신을 하는 데 있어 휴대전화의 전자파가 교란을 일으켜 항공기기에 오작동을 일으킬 수 있다. 전자기기의 오작동은 비행기 추락과 같은 심각한 문제를 야기할 수 있으므로 특히 이착륙 중에는 승객들이 휴대전화를 사용하지 않도록 안내해야 한다.

05
이착륙 전 확인사항 점검

수행 준거

- 객실 안전 규정에 따라 객실 수하물 선반(Overhead Bin) 잠금 상태를 확인하고, 조치할 수 있다.
- 객실 안전 규정에 따라 설비 잠금 상태를 확인하고 조치할 수 있다.
- 객실 안전 규정에 따라 비상시 관련 정보를 제공할 수 있다.

1. Overhead Bin 잠금 상태 확인

Baggage를 보관할 때는 이중으로 겹쳐 쌓거나 과다하게 보관하지 않도록 올바른 방법을 안내하고 떨어질 위험성 있는 Baggage는 안전하게 재배치한다.

© ChameleonsEye / Shutterstock.com

잘 닫혀 있는 Overhead Bin

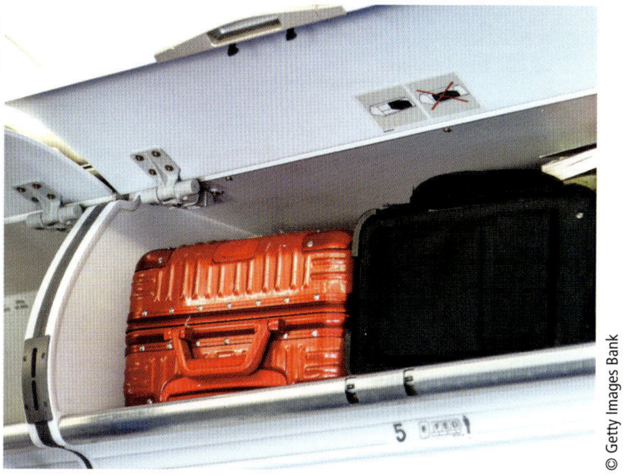

열린 Overhead Bin

1) FAA Guideline

Cover가 자연스럽게 닫히고, Cover가 열린 상태에서도 내용물이 떨어질 위험성이 없다면 안전하게 보관된 것이다. 다만 지팡이, 목발, 무겁거나 날카로운 짐 등은 보관해서는 안 되며 좌석 하단 또는 코트룸에 보관하도록 안내한다.

2) Overhead Bin 표준 업무 절차

Overhead Bin을 닫을 때

- Overhead Bin이 자연스럽게 닫히는지 확인하고 '딱' 하는 소리가 날 때까지 손으로 눌러서 잠금 상태를 촉수 확인한다.
- Overhead Bin의 개폐 손잡이가 잠금 상태로 되어 있는지 육안으로 확인한다.
- 비행 중 승객이 열고 닫는 것을 발견한 경우에도 잠금 상태를 확인한다.

Overhead Bin을 열 때

- Overhead Bin 아래에 착석한 승객에게 사전 양해를 구한다.
- Overhead Bin을 약 10cm 정도만 살짝 열고, 손을 Overhead Bin에 넣고 좌우로 떨어질 물건이 없는지 확인한다.
- Overhead Bin을 천천히 열고 조심해서 짐을 내린다.

지팡이와 목발 보관 가능 장소

- 비상구 열 좌석이 아닌 Window Seat 옆 객실 벽면 하단
- Enclosed 코트룸(단, 지팡이는 비상구 열 좌석이 아닌 모든 좌석의 하단 바닥에 가로로 보관 가능)

현 | 장 | 사 | 례

- 승객 탑승 진행 중 Overhead Bin에서 가방이 떨어지는 상황을 목격한 승무원이 즉시 피해 승객에게로 뛰어가 승객의 상태를 확인한 결과, 오른쪽 손등과 팔 부위가 부었으며 통증을 호소하여 해당 승무원이 얼음찜질을 해주었다.
- 승객이 과다하게 짐을 보관하는 과정에서 승객 상해가 발생되었다.

➡ 고객을 안전하게 목적지까지 모시는 것은 승무원의 가장 기본적인 업무임을 인식하고 객실 승무원은 책임감을 갖고 탑승 시 업무 절차를 수행해야 한다.

이륙 시점에서는 Welcome 인사 후 담당 구역을 재확인(Demo 시연 시에는 Demo 후 Galley로 돌아가면서 재확인)하고 착륙 시점에서는 Landing Sign 후 모든 Overhead Bin을 손으로 직접 누르면서 확인한다.

Overhead Bin에 보관할 수 없는 수하물

지팡이, 목발, 무겁거나 날카로운 짐, 깨지기 쉬운 유리제품, 액체류 등이 흐르기 쉬운 제품, 충격에 의해 파손될 우려가 있는 고가품 등

2. 기내 수하물 처리

1) 휴대 수하물 규제 및 처리

승객의 과다한 짐이 기내에 반입되어 통로, 비상구 주변에 방치되면 비상사태 시 신속한 승객 탈출에 커다란 장애 요소가 되며, 기체 요동 시 튀어 오르거나 하여 승객을 다치게 할 우려가 있다 또한 Overhead Bin에 무리하게 넣은 규격 초과 휴대물의 경우 이착륙 시나 기체 동요 시 떨어져서 주변 승객을 다치게 할 우려가 있다. 총기류나 인화성 물질의 기내 반입은 다수 승객의 안전에 중대한 영향을 끼칠 우려가 있으므로 반드시 규정에 맞게 반입이 규제되고 적절하게 보관되어야 한다.

2) 무료 기내 반입 허용 품목

3면의 합계가 115cm 이내인 수하물 1개로 그 크기와 수량이 제한되지만 등

급별로 약간의 차이가 있다(일등석, 비즈니스석의 경우에는 수하물 2개 허용한다).

3) 제한적으로 기내 반입 가능 품목

무료 휴대 수하물 외에, 옷, 카메라, 서류 가방, 핸드백, 지팡이, 유아용 요람, 소형 악기, 목발(스쿠버 장비는 해당되지 않는다) 등은 휴대 수하물에 추가 허용되며, 소량의 개인용 화장품, 유·소아용 음료수, 음식물, 여행 중에 필요한 의약품 등은 반입이 가능하다. 또 개인적 목적으로 사용하기 위한 1개 이하의 라이터 및 성냥도 기내 휴대가 가능하다(단, 라이터나 성냥의 기내 반입은 출발지 국가별 규정에 따라 다르다). 그 밖에 여행 중 필요한 의약품, 항공사의 승인을 받은 의료용품, 드라이아이스 등과 기내 반입 휴대 수하물 규격을 초과하는 의료용 수송 유닛(Unit), 보육기(Incubator) 등도 사전 절차에 의거하여 기내로 운송할 수 있다.

4) 위탁 수하물 탁송 제한 품목(휴대만 가능)

위탁 수하물에 포함시킬 수 없으며 필요시 직접 휴대해야 하는 품목으로서, 이러한 물품의 운송 도중 발생한 파손, 분실 및 인도 지연에 대하여 항공사는 책임을 지지 않는다.

노트북 컴퓨터·휴대 전화·캠코더·카메라·MP3 등 고가의 개인 전자 제품, 화폐·보석류·귀금속류·유가 증권류 등 기타 고가품, 견본류·서류·도자기·전자 제품·유리병·액자 등 파손되기 쉬운 물품, 음식물과 같은 부패성 물품 등이 여기에 속한다. 또 자전거, 서핑 보드와 같은 스포츠용품이나 애완동물 등 특수 물품은 사전에 반드시 항공사에 알려야 한다.

5) 최근 달라진 기내 휴대 및 위탁 수하물 규정

2018년 2월부터 160Wh를 초과하는 보조배터리와 배터리 장착기기, 스마트 수하물가방(Smart Luggage)은 항공기 내 휴대·위탁 수하물로 운송이 제한된다.

세부적으론 160Wh 이하의 리튬 배터리는 운송 방법에 따라 휴대·위탁 수하물 운송 기준이 달라진다. 예를 들어, 노트북 등 160Wh 이하의 리튬 배터리가 장착된 기기는 휴대·위탁 수하물이 모두 허용된다.

항공기 탑승구에 들어가기 전 본인의 수하물 크기와 무게를 측정할 수 있는 저울

160Wh 이하의 보조 배터리는 휴대할 수 있지만 위탁 수화물은 불가능하다.

내부에 리튬 배터리가 장착된 스마트 수하물 가방의 경우 장착된 리튬 배터리가 분리되지 않는 모델은 위탁 수하물 탁송, 휴대 수하물 반입 등이 모두 금지된다. 다만 160Wh 이하인 경우엔 휴대가 가능하다.

160Wh 이하인 배터리가 가방에서 분리될 경우엔 배터리의 휴대가 가능하지만 위탁은 금지된다. 단, 분리된 가방은 휴대 · 위탁 모두 가능하다.

이는 비행 중 항공기에 화재가 발생할 경우 화재 진압이 어렵기 때문에 철저한 사전 관리는 불가피하기 때문이다.

3. 객실 설비 잠금 상태 확인

항공기가 이착륙하기 전 객실 승무원은 객실 설비의 잠금 상태를 확인하여, 안에 있는 기내용품이 낙하하는 일이 없도록 주의해야 한다.

기내 안의 모든 컴파트먼트나 오븐, 카트, Carrier Box 등은 문 열림을 방지하는 잠금장치가 설치되어 있다.

손잡이를 앞으로 당겨 연다. 닫을 때는 힘주어 닫아야 열리지 않으니 주의한다.

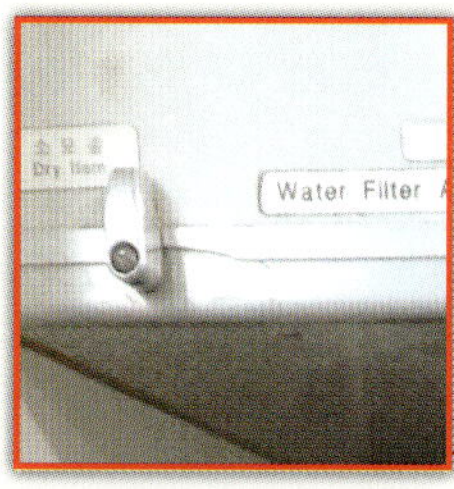

잠금장치가 닫힌 모습

위쪽에 위치한 잠금장치는 오른쪽으로 돌리면 열림 상태가 된다(현재 사진은 닫힘 상태이다). 아래쪽 잠금장치는 초록색 동그라미가 보이면 잠금 상태이다. 가로의 손잡이를 밑으로 내리면 빨간색 동그라미로 표시되며 열림 상태가 된다.

잠금장치가 닫힌 모습

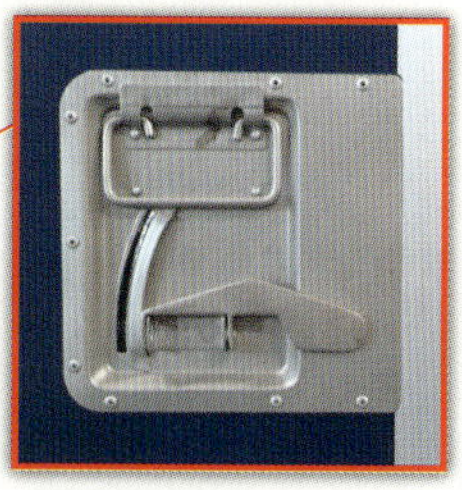

손잡이를 위로 올리면 카트 문을 열 수 있다. 카트 문을 닫은 후에 항상 손잡이를 밑으로 내려 닫힘 상태를 유지한다(현재 사진은 닫힘 상태이다).

카트를 제자리에 넣은 후에는 반드시 Latch를 내려 카트가 굴러나오지 않도록 고정한다.

커피메이커 손잡이를 위로 올리면 열림 상태이다.

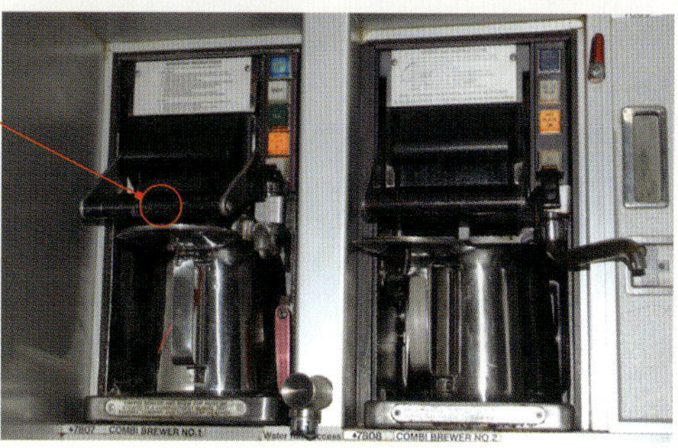

빨간 패달: 카트가 굴러가지 않고 고정된다.
초록 패달: 카트를 움직일 수 있다.

기내 오븐 · Warmer · 카트 문 · 커피메이커 잠금장치

Ice Drawer, Warmer, 쓰레기통, Serving Cart 보관 장소는 이착륙 시 잘 열리기 때문에 Galley 내 유동물 고정 시 주의 깊게 살피고 확인해야 한다.

이착륙 시 Jump Seat에 앉기 전 다시 한 번 화장실을 점검하도록 한다. 화장실은 비행기에서 유일하게 밀폐된 공간으로 흡연, 자살 시도, 기절 등 비정상 상황이 발생하기 쉬운 곳이다.

필자는 신입 시절, 이륙 시 쓰레기통의 잠금장치를 미처 확인하지 못한 채 이륙하여 이륙함과 동시에 쓰레기통이 굴러 나와 Galley의 벽에 '쿵' 하고 부딪혀 큰 소음이 발생함으로써 승객들을 놀라게 한 경험이 있다.

다행히 승객과 승무원이 다치진 않았지만 만약 쓰레기통이 아닌 Galley 상단에 설치되어 있는 Carry On Box나 카트가 굴러 나와 승객의 무릎이라도 쳤다면, 어찌 되었을지 아직도 아찔하다.

비행 근무의 첫 번째 원칙은 안전이므로 이 점을 유의하고 모든 기내 설비의 잠금장치를 확인하고 이착륙하는 습관을 철저히 해야 한다.

4. 비상시 관련 정보 제공

항공기에 탑승하면 이륙 전 객실 승무원이 산소마스크, 구명복 등의 사용법을 직접 시연하는 모습을 보았을 것이다. 요즘은 항공기에 장착된 비디오를 통하

© ChameleonsEye / Shutterstock.com

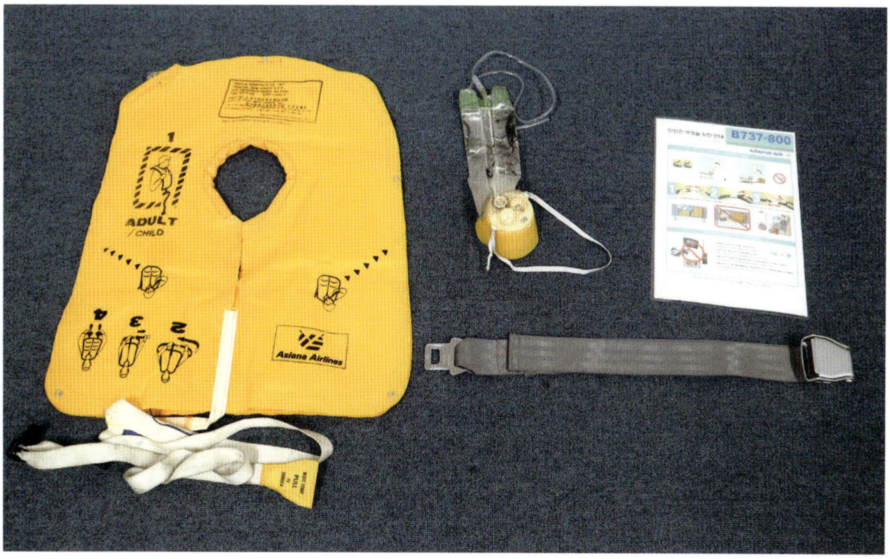

시연 도구

여 상영하기도 하는데, 이러한 행위를 'Safety Demonstration'이라 한다.

만약의 사태를 대비하여 반드시 실시해야 하는 중요한 객실 승무원의 업무이며, 승객도 그의 중요성을 잘 알고 숙지해야 한다.

대부분의 항공사는 승객 탑승 후 Door Close하고 Welcome 인사 후 Safety Demonstration을 실시한다.

모든 승객에게 잘 보일 수 있도록 각자의 담당 구역 앞에서 시연하며, 비상구 위치와 개수, 좌석 벨트 착용법, 산소마스크 사용법, 구명복 사용법, 좌석 앞에 비치된 안내문 등을 안내한다. 비디오 상영 시에는 금연 규정, 전자제품 사용 금지 안내, 짐 보관 규정 등이 포함되어 있다.

성인 비동반 소아(UM), 장애인, 노인 승객, Safety Demonstration을 볼 수 없는 사각지대 좌석에 앉은 승객에게는 개별적으로 브리핑한다. Safety Demonstration이 효과적으로 전달되도록 객실 조명을 조절한다.

Safety Demonstration이 끝난 후 승무원은 구명복을 착용한 채로 담당 구역별로 통로를 통과하며, 승객의 벨트 착용을 확인한다.

- 승무원 시연 시: 밝은 조명(Full Bright)
- 비디오 상영 시: 어두운 조명(Dim)

1) Safety Demonstration 방송

Safety Demonstration 방송은 시연하는 승무원의 속도에 맞춰 천천히 방송한다.

Safety Demonstration 방송 예시

계속해서(지금부터) 이 비행기의 비상구 위치와/ 비상 장비 사용법에 대해 안내해 드리겠습니다. 잠시 주목해 주시기 바랍니다.

이 비행기의 비상구는 모두 ○○개로 좌우에 각각 있습니다.

좌석 벨트 사인이 켜지면 좌석 벨트를 매 주십시오.

벨트는 버클을 끼워 허리 아래로 내려서 조여 주시고/ 풀 때는 덮개를 들어 올리면 됩니다.

산소마스크는 선반 속에 있으며/ 산소 공급이 필요한 비상시에 저절로 내려옵니다.

마스크가 내려오면 앞으로 잡아당겨 코와 입에 대시고/ 끈으로 머리에 고정하여 주십시오.

도움이 필요한 동반자가 있을 때는/ 먼저 착용하신 후 도와 주시기 바랍니다.

여러분의 좌석(또는 팔걸이) 아래에 있는 구명복은/ 비행기가 바다에 내렸을 경우 사용하시게 됩니다.

착용할 때는 머리 위에서부터 입으시고, 양팔을 끼운 다음/ 끈을 아래로 당기십시오.

노란색 손잡이를 양옆으로 잡아당겨 몸에 맞도록 조절해 주십시오.

구명복은 기내에서 부풀지 않도록 유의해 주시고/ 부풀릴 때는 탈출 직전 비상구 앞에서 붉은색 손잡이를 당기시면 됩니다.

충분히 부풀지 않을 때는 양쪽의 고무관을 힘껏 불어 주십시오.

보다 자세한 사항은 앞좌석 주머니에 있는 안내문을 참고하시기 바랍니다.

아울러 안내문에 설명된 바와 같이/ 항공기 내에서의 흡연은 엄격히 금지되어 있음을 알려드립니다. 감사합니다.

Ladies and gentlemen,/
for further information,/ please refer to the safety information card in your seat pocket.
Thank you.

06

이착륙 전 승객 안전 확인사항 점검

수행 준거

- 객실 안전 규정에 따라 창문 덮개(Window Shade)를 원위치하도록 안내할 수 있다
- 객실 안전 규정에 따라 좌석 등받이와 좌석 앞 선반(Tray Table)을 원위치하도록 안내할 수 있다.
- 객실 안전 규정에 따라 좌석 벨트 착용을 확인하고 점검할 수 있다.

항공기가 이착륙하는 동안은 사고 발생률이 높다. 특히, 항공기 사고 중 가장 위험한 순간인 이륙 후 3분, 착륙 전 8분은 항공기 사고의 대부분을 차지하고 있다 . 그런 의미에서 이착륙 시간 11분을 '마의 11분(Critical 11mins)'이라고 한다.

그러므로 객실 승무원은 항공기가 이착륙하기 전 철저한 안전점검을 통해 승객의 안전을 도모해야 한다.

먼저 승객의 안전벨트 착용 여부, 비상시 외부 상황 판단을 위한 Window Shade 열기, 비상시 승객의 탈출을 용이하게 하기 위한 Tray Table과 좌석 등받이 원위치가 대표적이다. (B737의 경우, 중간 열에 위치한 비상구 좌석의 등받이는 비상시 원활한 탈출을 위하여 뒤로 젖혀지지 않으므로 사전 좌석 배정 시 이를 고지해야 한다.)

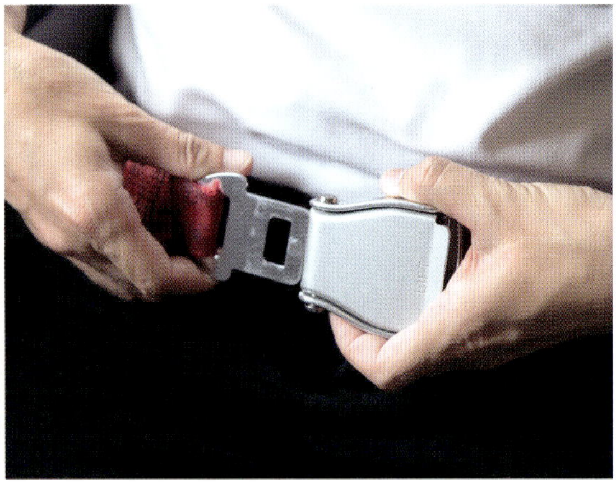

이는 승객의 편의를 위한 설비이기도 하지만, 안전과 밀접한 관계가 있으므로 정비가 필요한 경우 즉시 정비사에게 고지하여 수리할 수 있도록 조치해야 한다.

기내 대화문 예시

실례합니다. 손님.
항공기가 이착륙하는 동안에는 좌석 등받이와 창문 덮개, 식사 테이블을 제자리로 해주시겠습니까?
또한 좌석 벨트도 매주시기 바랍니다. 협조해 주셔서 감사합니다.

Excuse me sir,
please fasten your seatbelt, return your seat and tray table to the upright position. also please open your window shade.
Thank you.

07

Door Operation

수행 준거

객실안전 규정에 따라 해당 항공기 문 Slide 상태를 비상 상태(Automatic Position)로 변경할 수 있다.

1. Door Close

승객의 탑승이 완료되고 항공기 Door를 닫기 전, 지상 직원으로부터 승객과 화물 Ship Pouch(운송 관련 서류), 입국 서류를 인수받고, 기장에게 탑승객 수, 특이 사항 등을 보고하고 기장의 동의하에 Door를 닫는다.

Door Close 전 점검사항

- 승무원 및 승객의 숫자 확인(화장실 내 승객 유무 확인)
- Ship Pouch의 이상 유무 확인
- 추가 서비스 품목의 탑재 확인
- Weight & Balance(무게 · 균형)의 조종실 전달을 확인
- 지상 직원의 잔류 여부 확인
- 객실 준비 완료 확인(승객의 탑승 완료, Overhead Bin의 닫힘 상태 확인, 휴대 수하물 점검 및 보관 상태 확인)

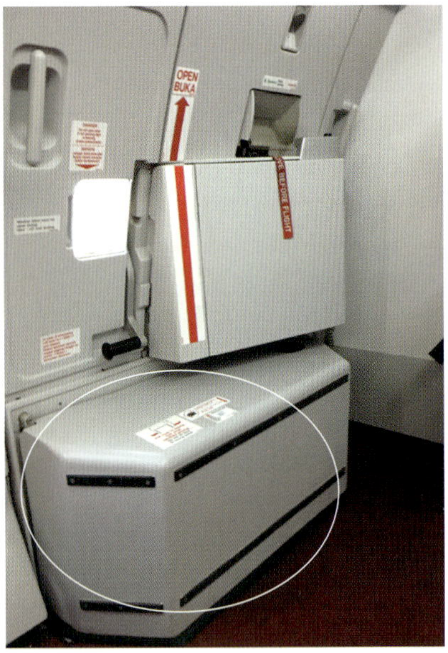

© Danial Abdullah / Shutterstock.com

A330 항공기 Slide Bustle

2. Slide Mode 변경

항공기 Door에는 항공기가 비상착륙(착수) 시 승객의 탈출을 돕는 Slide(미끄럼틀)가 장착되어 있다.

평상시에는 Door 안에 접혀 있는 상태로 있다가 Slide Mode를 팽창 위치로 변경한 상태로 Door를 열면 자동으로 펼쳐진다.

그러므로 승객의 탑승 · 하기를 위한 일반적인 상황에서의 Door Open 시는 Slide Mode를 정상 위치(Dis-Armed Position)의 상태에서 열어야 하며, 승객 탑승 후 Door를 닫은 후에는 팽창 위치(Armed Position)로 변경함으로써 비행 중 비상사태 시 Door Open을 했을 때 자동으로 Slide가 펼쳐질 수 있도록 조치해야 한다.

1) Slide Mode 변경 수행 순서 예시(KE)*

사무장: Cabin Crew…… Door Side Stand-By

사무장: Safety Check!!

All 승무원: Slide Mode를 변경한다.

사무장: 모든 승무원에게 All Call한다.

All 승무원: All Call이 오면 인터폰을 들고 제일 뒤편 승무원부터 이상 유무를 보고한다.

(예) L5 이상 없습니다……, L4 이상 없습니다…….

* 항공사마다 상이할 수 있다.

Safety Check 시 L-Side 와 R-Side 상호 Slide Mode 상태를 철저히 확인한다.

2) Safety Check의 정의

Door Mode 변경뿐만 아니라 항공기 지상 이동을 위한 객실의 최종 준비 상태를 확인하기 위한 절차이다.

Safety Check 시 확인해야 할 6가지 사항

- Door Close 준비 완료 사항

- 비상 장비 점검 상태(기 보고되지 않은 경우)
- 비상구 열 좌석 착석 상태
- 서비스 Cart의 정위치 보관 상태
- 승객 착석 및 좌석 벨트 착용 상태
- 좌석 등받이, 개인용 Monitor, Tray Table, Foot rest(EY/CL Foot rest 제외) 원위치 상태

3. Push Back

승객 탑승 완료 후 항공기 Door Close 및 Slide Mode를 팽창 위치로 변경하고 나면, 본격적인 항공기의 운항이 시작된다. 항공기를 뒤로 밀어내는 Towing Car를 이용하여 뒤로 밀어내는 행위를 'Push Back'이라 한다.

Push Back 전 다음과 같은 항목을 점검한다.

- 모든 승객의 착석 및 좌석 벨트 착용상태 확인
- Window Shade 열기, 좌석 등받이, Tray Table, 발 받침대, 개인용 모니터 원위치
- Overhead Bin 닫힘 상태 및 승객의 휴대 수하물 정위치 보관
- 비상구 좌석 착석 상태 확인
- 항공기 모든 Door의 잠김 상태 및 Slide Mode 변경 상태 확인

Towing Car

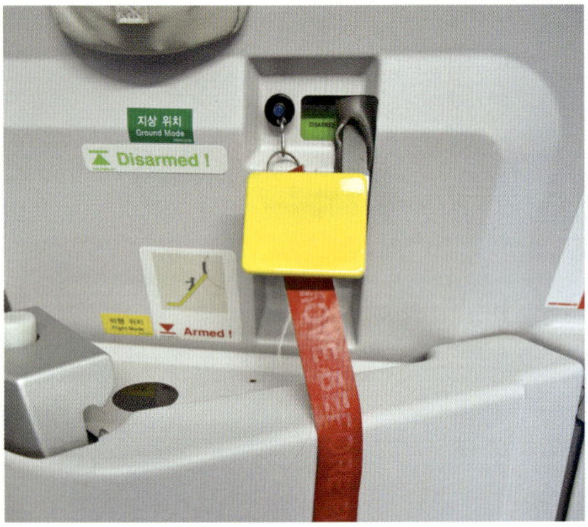

A321-200의 Slide Mode 정상 상태

A321-200 Slide Mode 팽창 상태

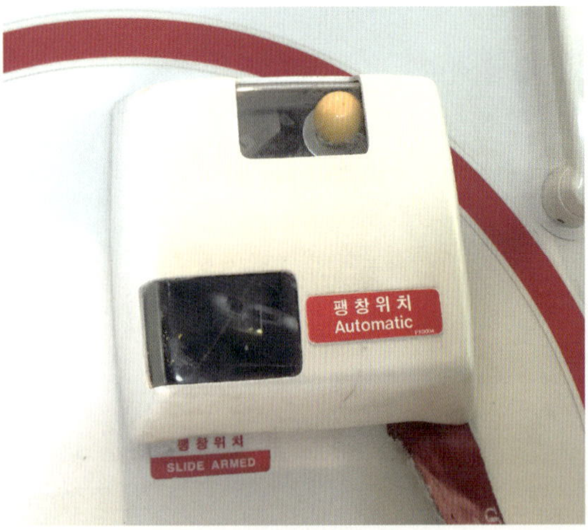

747-400 Slide Mode 정상 상태

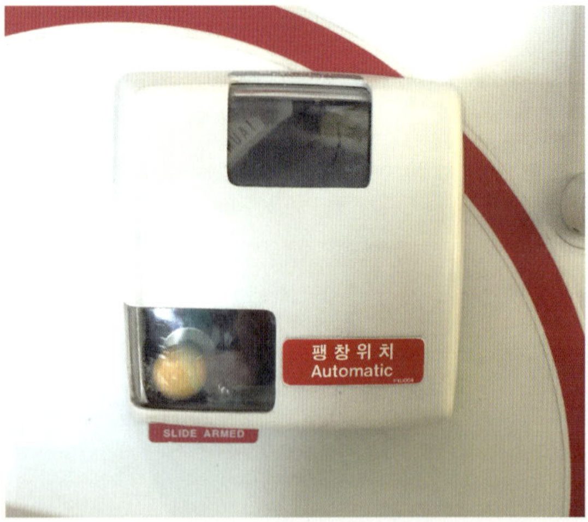

747-400 Slide Mode 팽창 상태

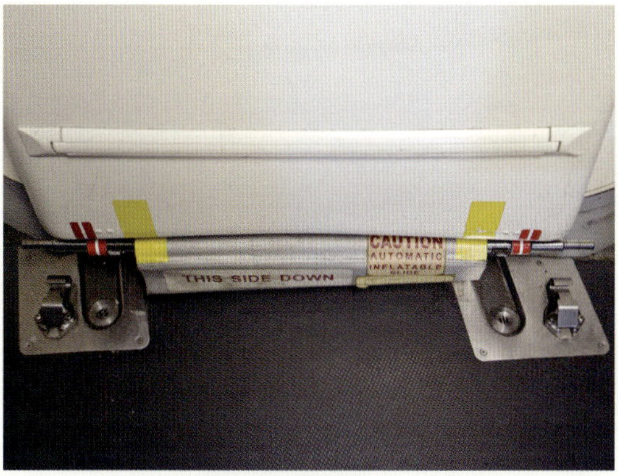

B737 항공기 Slide Mode 정상 상태

B737 항공기 Slide Mode 팽창 상태

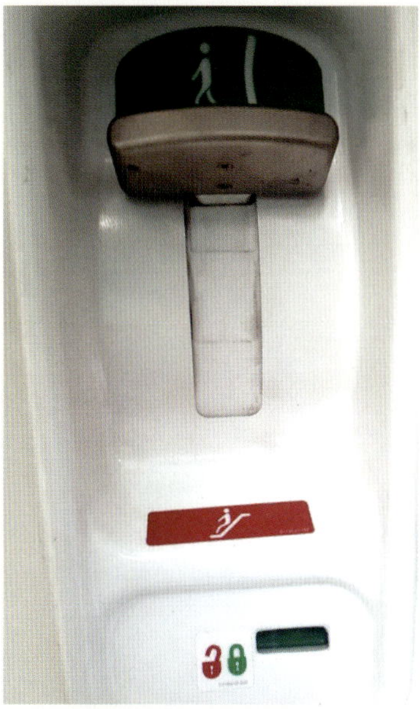

cs300 Slide Mode 정상 상태

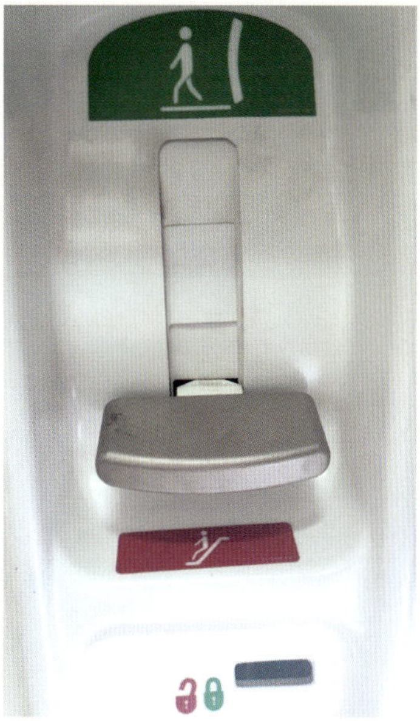

cs300 Slide Mode 팽창 상태

Safety Pin이란?

정상 위치의 Slide Mode가 팽창 위치로 옮겨지지 않도록 하기 위한 안전 핀

항공기 Door

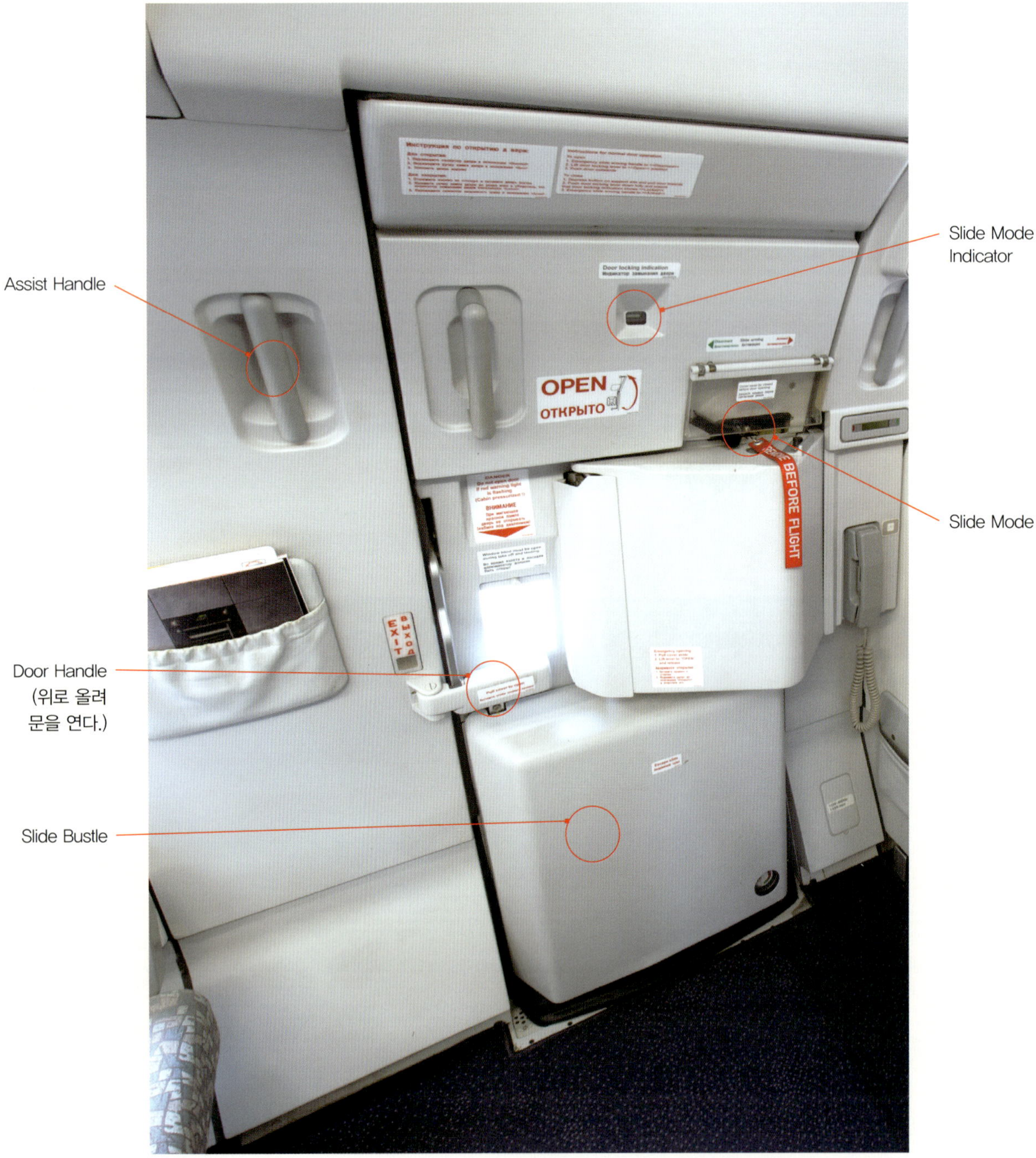

항공기 Door의 전체 모습

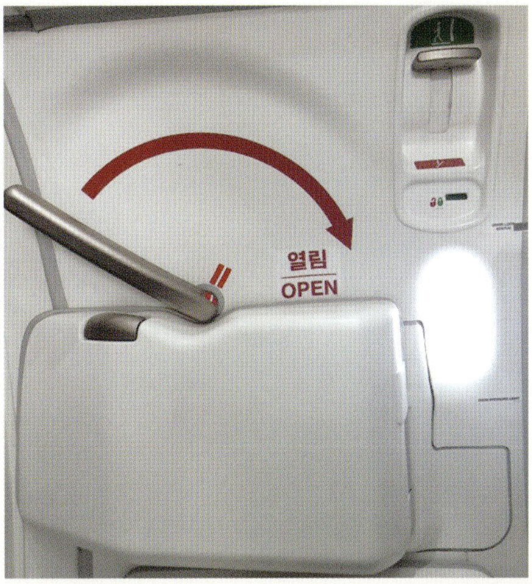
열림
OPEN

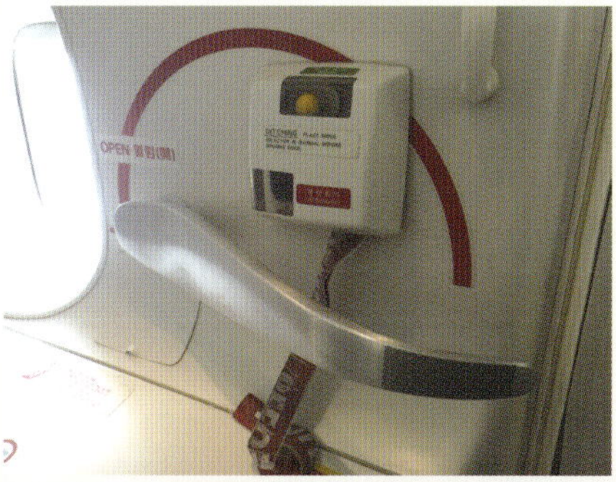

비상구
EXIT
열 림
OPEN

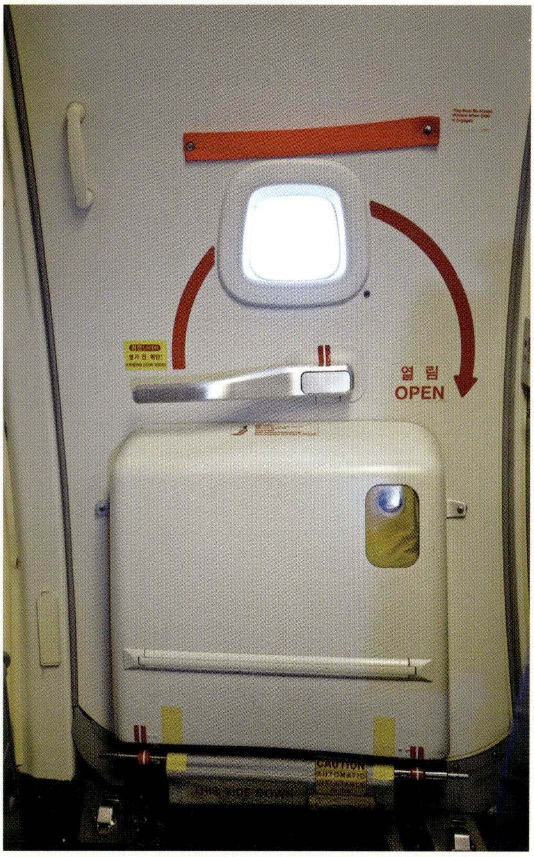
열 림
OPEN
THIS SIDE DOWN

현 | 장 | 사 | 례

KE000편/ Slide Miss - Inflation 발생

- 사무장은 항공기 이륙 직전 '이륙 준비 완료'를 기장에게 통보한 후, R1 Door Window 옆 Hinge Cover 사이로 초록색 Light가 깜빡이는 것을 발견했다. (Green Battery Pack Light로서 비행 중 항상 깜빡이는 것이 정상이며 평상시 Hinge Cover가 닫힌 상태에서는 보이지 않았다.)
- 사무장은 동 사실을 기장에게 보고했으며, 기장은 'Take Off까지 시간 여유가 있으니 확인하라'고 지시하여 사무장은 Door가 덜 닫힌 것으로 생각하고 'Door Locking을 다시 해 보겠다'고 했다.
- 사무장은 Door Mode를 정상 위치로 변경하는 절차를 수행하지 않고 Door Handle을 돌리는 과정에서 Slide가 Inflate되었다.
- 이후 Slide Pack 교체 후 2시간 25분 지연 출발했다.

➡ 항공기 내부 Door Open 절차는 2인 1조로 수행되어야 한다.
  - 1단계: '외부 상황 정상'
  - 2단계: 'Door Mode 정상'
  - 3단계: Open

08

탑승 후 하기하는 승객 발생 시 대응 요령

수행 준거

객실안전 규정에 따라 항공기 탑승 후 다시 하기를 원하는 승객에 대하여 신속히 보고할수 있다.

항공기에 탑승했던 승객이 항공기 이륙 전, 갑자기 하기를 원하거나, 승객의 의사와 상관없이 하기해야만 하는 경우가 발생할 수 있다. 이는 항공보안에 관련된 사항으로, 사전 계획된 테러를 미연에 방지하기 위해 승객과 승무원의 안전보호에 만전을 기해야 한다.

승객의 하기 시 객실 사무장은 지상 직원에게 통보하고 기장에게 보고해야 하며 운송 직원 및 기장은 승객의 하기가 자발적인 것인지 비자발적인 것인지를 판단하여 상황에 따른 대응을 한다.

탑승 중 하기를 하고자 하는 승객이 있다면, 왜 하기를 원하는지 여쭤보고, 승객이 하기 시 테러를 목적으로 폭발물 설치 가능성으로 인해 항공기는 다시 탑승구로 돌아가야 하고, 탑승한 전 승객은 자신의 모든 짐을 가지고 내려야 하며, 승객 하기 후 공항 보안 관계 기관의 직원이 비행기 전체를 다시 보안 검색한 후 승객이 재탑승할 수 있음을 말씀드린다.

1. 승객의 자발적 하기 시

- 전 승객 하기 필요시: 모든 승객은 소지한 휴대품을 모두 가지고 하기해야 하며, 승객 하기 후 보안 점검 Chect-List의 Alert 3,2에 의거하여 기내 보안

점검을 실시한다.

- 일부 승객 하기 필요 시: 하기한 승객의 좌석을 점검하고, 해당 승객의 전후 3열의 Seat Pocket, 구명복, Seat Cushion 하단 점검 및 좌우 좌석을 점검한다.

2. 승객의 비자발적 하기 시

별도의 보안 점검은 하지 않으며 해당 승객 및 해당 승객의 수하물을 하기한다. 승객의 비자발적 하기의 사례는 다음과 같다.

- 항공사의 실수로 중복된 좌석 탑승권 교부 시
- 예약 초과로 인한 좌석 부족 시
- 항공기 허용 탑재 중량 부족으로 승객의 의사와 상관없이 부득이 하기해야 하는 경우
- 기상, 정비 등과 같은 운항 지연 사유에 따라 승객이 여행을 포기하고 하기를 요청하는 경우
- 입국 거부 승객, 강제 퇴거 승객, 호송 대상 승객, 환자 승객의 여행이 지속될 경우 승객 및 항공기의 안전에 영향을 주어 항공사 직원(승무원 포함)이나 의료진의 판단 하에 해당 승객이 하기할 경우
- 항공사 또는 관계기관의 원인으로 하기하게 되는 경우

보안점검 Check-List								
구분		점검 내용	Alert Level					
			3,2			1		
			S	U	N/A	S	U	N/A
객실	좌석	좌석 상단						
		좌우 창 쪽 벽면 구석진 곳						
		Sidewall Stowage Bins(B744,A380 U/D)						
	통로	Overhead Bin 내부						
		Bulkhead 및 Curtain 주위 구석진 곳						
		객실 Floor 부분						
	Jump seat	Crew Jump Seat 및 구명복 보관 장소						
		비상장비 보관 장소						
객실	Door	Door 주변 구석진 곳						
		코트룸 내부						
		잡지 Rack 내부						
	CRA	Crew Rest Area(A380, B744, B772, B77WS, A332)						
	VCC	Video Control Center						
	DFS Area	Duty Free Showcase(A380 Only)						
화장실	설비	Lavatory Door, Wall 및 Ceiling 주위						
		변기 주변 구석진 곳						
	보관함	휴지, 화장지 보관함						
		세면대 하단 공간						
		쓰레기통						
		거울 뒷면 Comp't 내부(A380, B772, B773, B77WS)						
Galley	보관함	Galley 내 모든 보관 공간(오븐, 냉장고, Bar 등)						
		Ceiling, Walls 및 Floor						
		쓰레기통 및 Towel 수거함						
		천장에 위치한 Comp't						
		Cart Lift 내부(A380,B744)						
	탑재 Cart	Cart Sealing						
객실	좌석	Seat Pocket 내부						
		EU 공항에서는 모든 Alert Level에서 점검						
		Seat Cushion 하단 및 구명복 보관 장소						
		EU 공항에서는 모든 Alert Level에서 5% 점검						

09

30 Seconds Review

수행 준거

객실 안전 규정에 따라 비상시 탈출 요령에 대한 절차를 이미지 트레이닝(Image Training)을 할 수 있다.

항공기 이착륙을 위한 안전 점검이 끝난 전 승무원은 각자의 Jump Seat에 착석한다. 이때 신체를 고정시킴으로써 충격에 의한 부상을 방지하거나 최소화하기 위해 좌석 벨트와 Shoulder Harness(어깨 안전띠)를 반드시 착용한다.

Jump Seat의 올바른 착석 자세

- 좌석 벨트를 허리 아래로 내려서 단단히 조인다.
- 몸을 세워 좌석 안쪽 깊숙이 엉덩이와 허리를 바르게 기대어 앉는다.
- 두 발바닥을 바닥에 붙인다.
- 손바닥을 위로 향하게 하여 다리 밑에 깔고 앉는다.

객실 승무원이 Jump Seat에 앉아 있는 동안 만일에 대비하여 비상사태 시 객실 승무원으로서 취해야 할 일련의 행동 절차를 마음속으로 생각해 보는데, 이것을 '30 Seconds Review'라고 한다. 갑작스런 비상사태 발생 시 30 Seconds Review를 한 객실 승무원의 경우에는 승객을 신속하고 효과적으로 대피시킬 수 있는 반면, 이를 행하지 않은 경우에는 더욱 당황하게 되어 효과적인 대처를 하지 못해 승객의 안전을 기대할 수 없으므로 객실 승무원은 비행 중 이를 반드시 습관화해야 한다.

30 Seconds Review 내용

- 비상장비 위치와 작동 방법
- 비상구 위치와 작동법
- 비상탈출 순서
- 샤우팅(Shouting)
- 비상탈출 시 도움을 줄 수 있는 승객
- 충격 방지 자세
- 승객 통제
- 판단 및 조정
- 탈출 지휘

© Getty Images Bank

승무원 착석 사진

잠깐! 점검해 볼까요?

01
승객 좌석 안내 및 점검

1. 담당 구역의 모든 승객의 좌석 벨트 착용 상태를 확인하시오.
2. '답답해서 좌석 벨트 매기 싫어요.'라고 말하는 승객을 응대해 보시오.
3. 유아 동반 승객에게 좌석 벨트 착용을 안내해 보시오.
4. 누워 있는 승객에게 좌석 벨트 착용을 안내해 보시오.
5. 일행과 이야기 나누느라 일어서 있는 승객을 착석할 수 있도록 안내해 보시오.
6. 이착륙 중 화장실 가는 승객을 제지해 보시오.

02
의심스러운 승객 보고

A조(승무원), B조(승객)로 나누어 실습해 보시오.

1. 승객 조 중 1명은 의심 승객으로 가정하고, 승무원 조는 의심 승객을 찾아낸다.
2. 의심 승객 유형을 다양하게 변경하여 실습해 보시오.
3. 의심 승객이 발견되면 사무장에게 보고하는 것을 실습하시오.
   (예) "사무장님, 34B 승객의 거동이 수상합니다. 연신 식은땀을 흘리며, 심하게 불안해하는 모습이 보입니다."

03 비상구 좌석 승객 브리핑

1. 비상구 열 좌석 착석 승객의 적정성 여부를 확인하는 시점은 언제입니까?
2. 비상구 열 좌석에 착석 불가한 승객의 유형을 열거하시오.
3. 비상구 열의 승객에게 비상구 브리핑을 실시해 보시오.
4. 비상구 좌석에 착석 불가한 승객일 경우 대응 요령을 실습해 보시오.

04 전자기기 사용금지 안내 방송

1. 항공기에서 전자기기 사용을 제한하는 이유는 무엇입니까?
2. 전자기기 사용금지 안내 방송을 실시해 보시오.
3. 전자기기 사용규정을 운항시점에 따라 열거해 보시오.
   ① 상시 사용 가능한 전자기기는 무엇입니까?
   ② 상시 사용 금지인 전자기기는 무엇입니까?
   ③ 항공기 Door Open 중 사용 가능한 전자기기는 무엇입니까?

05 이착륙 전 확인사항 점검

1. Overhead Bin 내에 짐을 과다하게 쌓거나 이중으로 보관해서는 안 되는 이유는 무엇입니까?
2. 무료로 기내에 반입 가능한 휴대 수하물의 규정은 무엇입니까?
3. Overhead Bin에 보관할 수 없는 물품은 무엇입니까?
4. 담당 구역을 표준업무 절차에 따라 Overhead Bin을 닫아 보시오.
5. 담당 구역을 표준업무 절차에 따라 Overhead Bin을 열어 보시오.

Galley 및 기내 컴파트먼트의 잠금장치를 알아보고 닫힘 상태로 조치해 보시오.

6. 다음의 기내 Galley 구조를 보고 이륙 시 더욱 유의하여 점검해야 할 위치는 어디입니까? (반대로 착륙 시 더욱 유의하여 점검해야 할 위치는 어디입니까?)

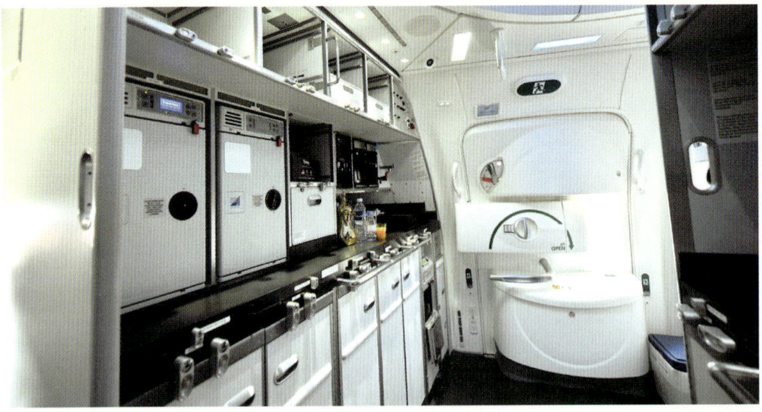

© Jordan Tan / Shutterstock.com

⬅앞 뒤➡

7. Safety Demonstration을 시연하는 시점은 언제입니까?

8. 기내 방송에 맞춰 Safety Demonstration을 시연해 보시오.

9. 성인 비동반 소아(UM), 장애인, 노인 승객, Safety Demonstration을 볼 수 없는 사각지대 좌석에 앉은 승객에게는 개별적으로 브리핑해 보시오.

06 이착륙 전 승객 안전 확인사항 점검

1. 본인의 담당 구역 승객의 창문 덮개를 원위치하도록 안내해 보시오. (한국어와 영어로 안내해 보시오.)

2. 본인의 담당 구역 승객의 좌석 등받이와 Tray Table을 원위치하도록 안내해 보시오. (한국어와 영어로 안내해 보시오.)

3. 본인의 담당 구역 승객의 좌석 벨트를 확인하고 점검해 보시오. (한국어와 영어로 안내해 보시오.)

07
Door Operation

1. 항공기 Door의 부분별 명칭을 알아 보시오.
2. 승객 탑승 완료 후 Door Close 직후, Slide Mode를 어떤 위치로 변경해야 합니까?
3. B747-400 항공기의 Slide Mode를 팽창 위치로 변경해 보시오.
4. A330 항공기의 Slide Mode를 팽창 위치로 변경해 보시오.
5. B737 항공기의 Slide Mode를 팽창 위치로 변경해 보시오.

08
탑승 후 하기하는 승객 발생 시 대응 요령

1. 다음 상황을 보고 자발적 하기와 비자발적 하기를 구분하고 보고해 보시오.

① 목적지 착오	② 좌석 중복 발생
③ 비즈니스	④ 집안일
⑤ 일행 미탑승	⑥ 발작, 기절 등 환자 발생
⑦ 난동, 싸움 등	⑧ 기체 결함 발생

2. 승객의 자발적 하기 시 '전 승객의 하기'가 필요한 경우 조치사항은 무엇입니까?

09
30 Seconds Review

1. 올바른 자세로 Jump Seat에 앉아 보시오.
2. 30 Seconds Review를 하는 이유는 무엇입니까?
3. 30 Seconds Review의 내용을 모두 열거해 보시오.

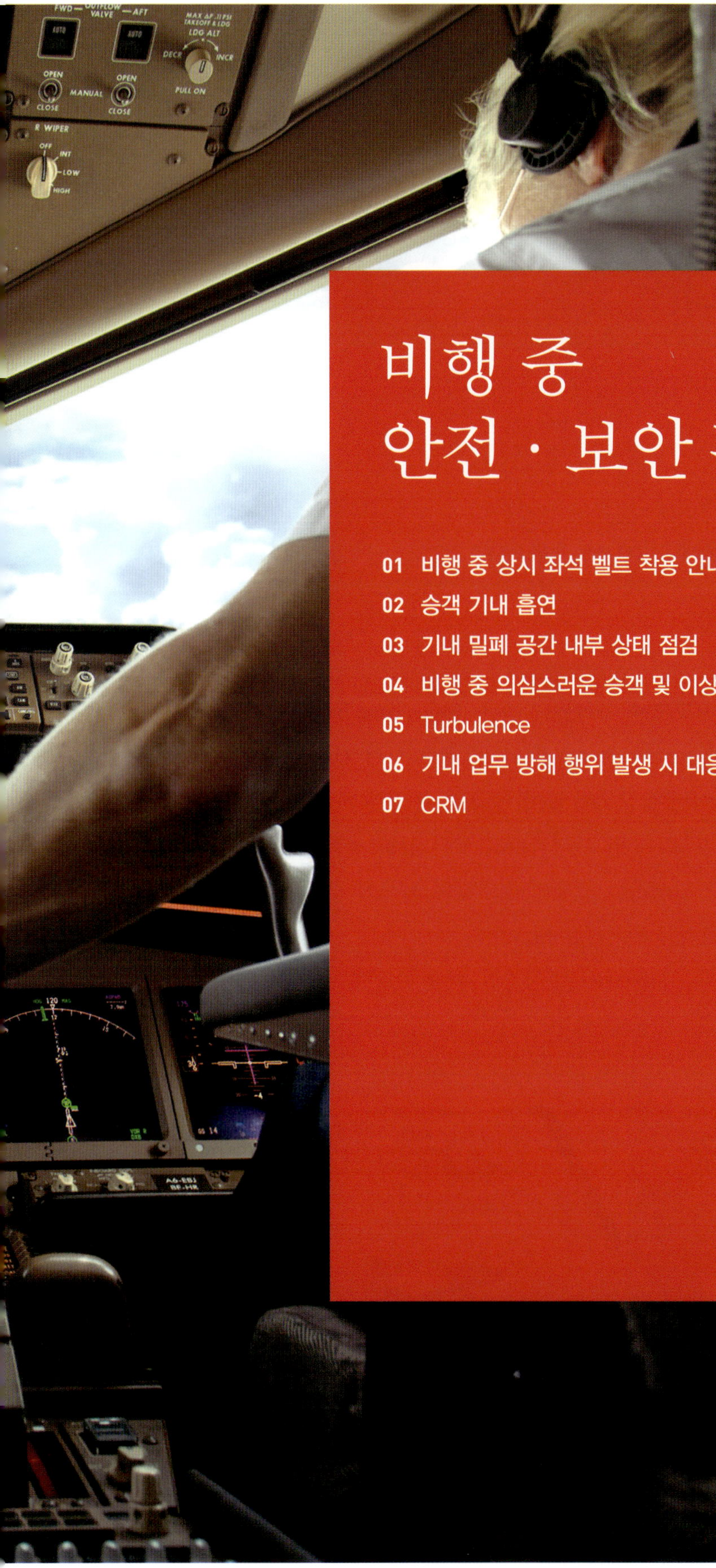

비행 중 안전 · 보안 관리하기

4

01

비행 중 상시 좌석 벨트 착용 안내

수행 준거

객실 안전 규정에 따라 승객에게 상시 벨트 착용 여부를 확인하고 안내할 수 있다.

항공기가 이륙 후 안전고도에 이르면 기장은 'Fasten Seat Belt Sign'을 'Off'시키고 객실 승무원 중 방송 담당 승무원은 '좌석 벨트 상시 착용 방송'을 하게 된다. 이는 조종실의 레이더에 잡히지 않아 예측할 수 없는 기체 요동 'CAT'(Clear Air Turbulence), 즉 지구의 북반구를 감싸고 도는 강한 서풍인 Jet Stream의 영향으로 맑은 날씨에도 발생하는 난류에 대비하여 좌석에 앉아 있을 때에는 항상 좌석 벨트를 착용하기를 권유하는 방송이다.

운항 중 만나게 되는 Turbulence는 심각한 기체 요동을 유발하며, 승객이나

Seat Belt Sign On

Seat Belt Sign Off

기내의 식사 카트, 짐, 승객의 식사 등 유동물을 날아다니게 하여 승객과 승무원을 다치게 할 수 있으므로 객실 승무원은 항상 이에 대비하여 승객의 좌석 벨트 점검을 철저히 하고 '좌석 벨트 상시 착용' 안내 방송을 습관화해야 한다.

Seat Belt Sign Off 방송

손님 여러분,
방금 좌석 벨트 표시등이 꺼졌습니다.
그러나 비행기가 갑자기 흔들리는 경우에 대비해 자리에서는 항상 좌석 벨트를 매고 계시기 바랍니다. 그리고 선반을 여실 때는 안에 있는 물건이 떨어지지 않도록 조심해 주십시오.

Ladies and gentlemen,
the captain has turned off the seat belt sign.
In case of any unexpected turbulence, we strongly recommend you keep your seatbelt fastened at all times while seated. Please use caution when opening the overhead bins as the contents may fall out.

02
승객 기내 흡연

수행 준거

객실 안전 규정에 따라 승객의 기내 흡연 여부를 확인하고 제지할 수 있다.

1. 기내 흡연

기내에서의 흡연은 승객의 쾌적한 여행을 저해할 뿐만 아니라 화재를 유발할 우려가 있는 등 객실 안전에 저해되므로 객실 승무원은 기내 흡연자에 대하여 통제할 수 있어야 한다.

대부분의 기내 흡연이 이루어지는 화장실의 금연 문구

이는 기내에서 발생하는 화재의 약 70%가 승객의 흡연에 기인하고 있기 때문에 이를 미연에 방자하기 위함이다. 승객의 흡연이 이루어지는 장소는 대부분 화장실이다.

그러므로 승무원은 주기적으로 화장실을 점검해야 하며 기내 흡연 발생 취약 시점인 식사 서비스 후, 화장실 점검이 잘 이루어지도록 해야 한다.

또한 기내 흡연 발생 처리 시, 기내 흡연 승객에 대해서는 항공기 및 승객의 안전을 위하여 규정에 따라 단호하게 대응할 수 있어야 한다.

국내 항공사들은 전자담배 또한 기내에서 허용하지 않는다. 왜냐하면 전자담배가 다른 승객들의 흡연 욕구를 자극시킬 수 있고 불안감을 조성할 수 있기 때문이다.

기내 흡연은 항공안전 및 보안에 관한 법률 제23조 '승객의 안전유지 협조 의무'에 의거 500만 원 이하의 벌금에 해당하는 사안이다.

2. 대응 절차

- 승무원은 흡연 승객을 최초로 적발 시, 경고장 제시 및 경찰 인계에 대하여 강하게 경고한다. (대신 사탕이나 땅콩, 음료 등 대체 식품을 권유해 보는 것도 좋은 방법이다.)
- 기내 흡연 제지 방송을 실시한다.
- 비행 중, 모든 승무원이 해당 승객에 대한 정보를 공유하고 특별 감시한다.
- 흡연 적발 승객이 재차 흡연을 시도할 경우, 항공기 도착 후 경찰에 반드시 인계한다.

3. 증거 확보 요령

1) 증거물 확보

- 위법 행위를 증명할 수 있는 증거물을 확보한다.
- 증거물로는 흡연으로 인한 화재의 경우 불에 탄 물건, 담배꽁초, 라이터 등이며, 기내 폭행의 경우는 파손된 물건, 폭행 흔적 사진 등이다.
- 사진 촬영 증거물 및 현장을 촬영 시에는 다른 승객에게 불편을 끼치지 않도록 유의한다.

2) 목격자 진술서 확보

- 목격 승객의 적극적인 협조를 구하여 확보한다.
- 현장에서의 목격자 진술서(Witness Report) 확보는 승객의 위법 행위를 입증할 수 있는 좋은 자료이다.

3) 위법 승객 자술서 확보

승무원이 해당 승객에게 자술서를 강요할 수는 없는데, 본인의 자발적인 협조를 통해 작성하도록 하며 무리하게 작성을 요구하지 않는다.

목격자 진술서 양식

목격자 진술서

FLT No. ____________ 날짜(YYMMDD) ____ / ____ / ____ 보낸 사람/받는 사람 ____ / ____

1. 목격자 승객 정보

이름 ____________ 좌석 번호 ____________ 서명 ____________

전자 메일 ____________________ 핸드폰 ____________

주소 ____________________

2. 사건 발생 일시 및 장소

시간 약 ____________ 한국 표준시

위치 ☐ 통로 ☐ Seat ☐ Door Side ☐ Galley ☐ 화장실 ☐ 기타 ____________

3. 업무 방해행위 유형

☐ 고성 / 분노 표출(Violent Yelling / Rage Expression)
☐ 욕설 / 폭언(Verbal Abuse / Violent Language)
☐ 성희롱(Sexual Harassment / Assault)
☐ 항공기 점거 농성(Aircraft Illegal Occupation)
☐ 항공기 파손(Damage to Aircraft)
☐ 제반 규정 위반 행위(Violation of General Regulations)
☐ 승객 간 싸움(A Fight with Other Passenger)
☐ 자해(Self Injury)
☐ 협박(Threatening)
☐ 폭행(Physical Assault)
☐ 흡연(Smoking)
☐ 무기 사용(Use of Weapon)
☐ Door 작동(Door Operation)
☐ 만취 난동(Alcohol-related Disturbances)
☐ 기타(Others) ____________________

____

4. 발생 주요 원인

☐ 정신적 불안감(Sense of Uneasiness)
☐ 서비스 불만(Dissatisfaction with Service)
☐ 전자기기(Electronic Devices)
☐ 탑승권 확인(Boarding Pass)
☐ 음주(Alcohol)
☐ 좌석 배정(Seating)
☐ 약물중독(Drug Related)
☐ 알 수 없음(Unknown)
☐ 기타(Others) ____________________

____

5. 목격 상세 내용

____

____

뒷면 사용 가능

____

2018. 1. 1.

4) 경찰 인계 시 증거물과 사진을 제공

증거물은 먼저 사진으로 촬영한 뒤에 제공한다.

흡연 제지 안내 방송

(흡연 승객에 대한 승무원의 1차 제지 후에도 불응하는 승객 발생 시)

안내 말씀 드리겠습니다.
기내에서의 흡연, 특히 화장실 안에서 담배를 피우시는 것은 비행기의 안전을 직접 위협할 수 있으며 항공안전 및 보안에 관한 법률에 따라 엄격히 금지되어 있습니다. 손님 여러분의 안전하고 쾌적한 여행을 위한 기내 금연 규정에 적극 협조해 주시기 바랍니다.

Ladies and gentlemen,
for safety reasons, aviation law strictly prohibits smoking on the airplane, including in the lavatories.
Thank you for your cooperation.

현장사례

- 승무원은 식사 서비스 후, 화장실에서 누군가 담배를 피우는 것 같다는 한 승객의 제보를 받았다.
- 승무원은 즉시 해당 화장실로 이동했으나, L3 앞의 화장실에서 이미 Smoke Detector가 울리고 있었다.
- 해당 화장실은 안에서 잠겨 있어, 승무원은 문을 노크하고 승객이 나오도록 했다.
- 승객이 문을 열 때 화장실 안에서 담배 냄새가 심하게 나고 있었고, 주변 승객들이 냄새 및 기내 안전 관련하여 불만을 호소했다.

03

기내 밀폐 공간 내부 상태 점검

수행 준거

객실안전 규정에 따라 밀폐 공간 내부 상태를 확인하여 조치할 수 있다.

기내의 밀폐 공간으로는 화장실, Bunk, 코트룸과 많은 컴파트먼트들이 있다. 객실 승무원은 의심스러운 물질이나 승객이 남아 있지 않는지 확인할 수 있어야 한다.

화장실 내부에는 여분의 티슈나 두루마리 화장지 등을 넣을 수 있는 공간이 거울 뒤편이나 티슈를 넣는 공간 뒤편에 마련되어 있으므로 화장실 점검을 하는 매 30분마다 밀폐 공간을 함께 점검하여 객실의 안전 · 보안에 힘써야 한다.

화장실 내 점검해야 할 컴파트먼트

승무원 Bunk는 승무원만이 비밀번호나 열쇠를 이용하여 사용하는 공간이므로 승객에게 비밀번호나 열쇠가 노출되지 않도록 유의해야 하며 승객이 점유하는 일이 있어서는 안 된다.

비행 전후는 물론 비행 중에도 Bunk 및 Bunk 내 컴파트먼트를 점검하도록 한다.

코트룸은 승객의 의류 및 짐을 보관하는 공간으로, 승객에게 노출된 공간임과 동시에 승객의 손길에 쉽게 닿을 수 있는 공간이기도 하다.

747-400
후방 코트룸

승무원 Bunk

© Getty Images Bank

그러므로 비행 전후 의심스러운 물건이 있는지 꼼꼼히 점검해야 하며, 비행 중 역시 승객의 의류 및 짐 이외에 물건이 있는 확인한다.

기내에는 Galley 주변 및 객실 앞뒤 등 많은 컴파트먼트가 있다. 이곳은 대개 서비스용품(Basket, 섬유, 신문 등)을 보관하는 장소로 이용되며 서비스용품과 의심스러운 물건들이 혼재되어 있을 수 있으므로 안쪽 구석까지 꼼꼼히 점검한다.

현 | 장 | 사 | 례

2017년 아시아나항공 고참 여승무원이 비행 근무 중 자신의 딸을 Bunk에서 쉬도록 해 징계를 받은 사례가 있다. Bunk는 보안시설은 아니지만 일반인의 출입이 통제되는 구역이므로 승무원의 철저한 보안의식이 필요하다.

04

비행 중 의심스러운 승객 및 이상 물건 보고

수행 준거

객실 안전 규정에 따라 항공기 운항 중 행동이 의심스러운 승객의 동태 및 이상 물건에 대하여 신속히 보고할 수 있다.

비행 중 의심스러운 승객에 대해서는 사무장 및 기장에게 보고하고 기내 질서를 문란시키거나, 규율을 위반하는 승객에 대해서는 승객의 행위를 저지하기 위해 필요한 조치를 취할 수 있다.

- 외관상 이상하고 의심스러운 냄새를 풍기는 물건
- 시계 초침 소리가 들리거나 배터리가 연결되어 있는 물건
- 한쪽으로 쏠려 있거나 봉합되지 않은 채 내용물이 흘러나올 수 있는 물건
- 어딘가 집착하여 보이거나 무엇을 숨기듯 안고 있는 승객
- 화장실 이용 시 가방을 숨기듯 들고 오랜 시간 나오지 않는 승객
- 시선을 피하거나 매우 불안해하며 주위를 두리번거리는 승객
- 식은땀을 흘리거나 눈동자가 풀려있는 승객
- 비행 중 의자 밑에 고개를 처박고 무엇인가 만지고 있는 승객
- 액체나 고체성 물질을 조심스럽게 운반하는 승객
- 다른 사람이 듣지 못하도록 낮은 목소리로 자기 동료와 이야기하거나 동료에게 이상한 손짓으로 암호를 보내는 승객
- 권총이나, 칼, 폭발물 등 무기를 소지하고 있는 승객

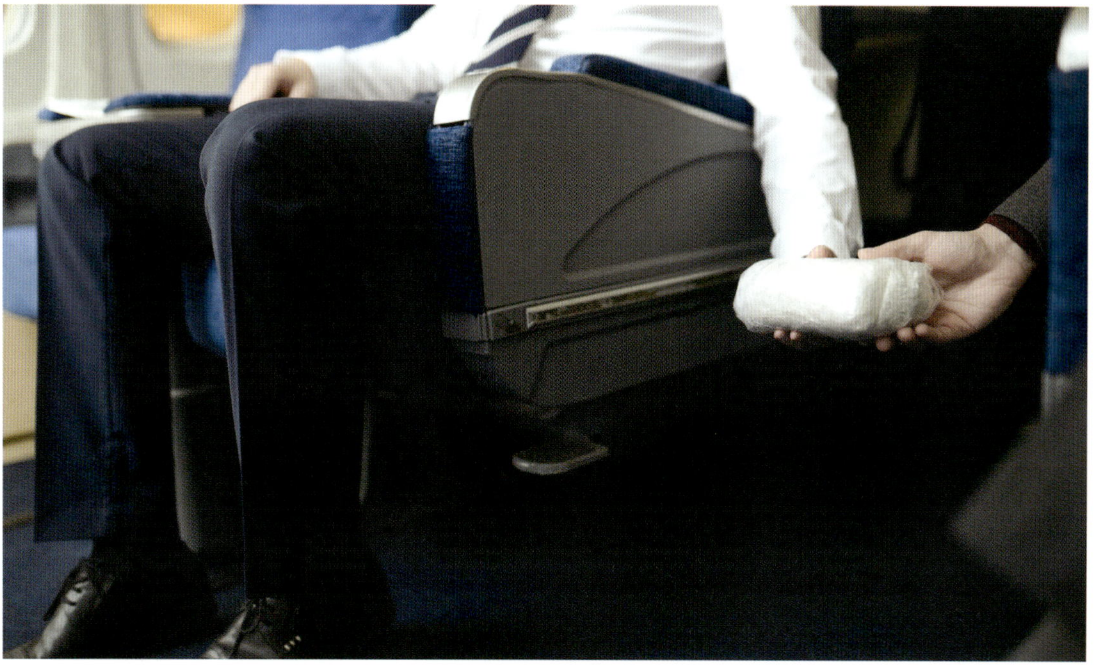

위와 같은 승객이 있다면 신속히 사무장 및 기장에게 보고하고, 인터폰을 사용하거나 직접 보고하기 어려운 상황에 처했다면(공중 납치 등) 비상벨을 이용하여 보고한다. 비상벨은 공중 납치(Hijacking), 테러 발생 시 기장에게 객실의 상황을 알릴 수 있는 버튼이다. 비상벨은 Galley 및 Jump Seat 등의 객실 곳곳에 설치되어 있으며, 객실 승무원이 비상벨을 누르면 조종실에 부저가 울리며, 부저를 길게 혹은 짧게 누름으로써 범인의 인원수, 무기 유형 등을 조종사가 알아챌 수 있다.

05

Turbulence

수행 준거

객실 안전 규정에 따라 난기류(Turbulence) 발생 시 승객에게 안내 방송을 하고 필요조치를 취할 수 있다.

Turbulence란 항공기가 제트기류나 구름 등을 만나서 기체 요동이 일어나는 것을 뜻한다. 대부분의 승객이 Turbulence를 만나면 두려워하지만, 비포장도로 위의 자동차가 흔들리며 가듯이, 비행기 역시 좋지 않은 기류로 인해 흔들리는 길을 지나간다고 생각하면 두려움이 덜할 것이다. 그러나 경우에 따라서는 승객과 승무원의 부상을 초래할 수 있으므로 Turbulence 발생 시 승무원은 신속히 기내 방송을 실시하고 승객의 좌석 벨트를 곧바로 확인해야 한다.

또한 심한 Turbulence 시에는 무리하게 승객의 좌석 벨트를 확인하지 않고 승무원 역시 가까운 좌석이나 Jump Seat에 착석해야 한다.

1. Turbulence 시 대응 절차

- 모든 승객은 Fasten Seatbelt Sign의 점등 여부와 상관없이 좌석에 앉아 있는 동안에는 항상 좌석 벨트를 착용해야 한다.
- 객실 승무원은 운항 승무원이 Moderate/Severe Turbulence 시 Fasten Seatbelt Sign을 2회 'On/Off' 하거나, 객실에 직접 PA(Public Address)로 '승무원, 착석하십시오.'라고 지시할 경우, 즉시 Jump Seat에 착석해서 Seatbelt와 Shoulder

Harness를 착용한다. 운항 승무원의 별도의 지시가 있을 때까지 착석 상태를 유지한다.

- Fasten Seatbelt Sign이 점등되면 즉시 Turbulence 방송을 실시하고, 비행 중에는 '좌석 벨트 상시 착용 안내 방송'을 실시한다.
- Fasten Seatbelt Sign이 장시간 점등되어 승객들이 좌석 벨트 착용을 유지하지 않는 경우 주기적으로 반복하여 방송을 실시한다.
- 조명 조절 및 커튼 개방은 시야 확보를 위하여 필요시 실시한다.
- 방송이 실시되면 승무원은 곧바로 담당 구역 승객의 좌석 벨트 착용 상태를 점검한다.

2. Turbulence 구분 및 객실 승무원의 행동 지침

구분	Light	Moderate	Severe
기내 현상	• 음료수가 컵 안에서 찰랑거린다. • 승객의 복부가 좌석 벨트에 약간의 압력을 받는다. • 카트 이동이 약간 어렵다.	• 음료수가 컵 밖으로 넘친다. • 승객의 복부가 좌석 벨트에 의해 압박을 받는다. • 기내 보행이 어렵다. • 기내 시설을 잡지 않고 서 있기가 어렵다. • 카트를 움직이기 어렵다.	• 물건들이 바닥으로 떨어지거나 튀어오른다. • 승객의 복부가 좌석 벨트에 의해 강하게 조여진다. • 기내 보행 및 서비스가 불가능하다.
행동 지침			
신호	Fasten Seatbelt Sign 1회	Fasten Seatbelt Sign 2회	
기내 서비스	• 조심스럽게 서비스를 계속한다. • 뜨거운 음료를 서비스할 때 주의한다.	• 서비스를 중단한다. • Cart 상단의 물건들을 고정한다. • Cart를 컴파트먼트에 보관한다. (오래 지속되는 경우)	• 서비스를 즉시 중단한다. • Cart의 Brake를 신속히 밟는다.
좌석 벨트	• 승객의 좌석 벨트 착용 여부를 확인한다. • 화장실 내 승객 유무를 확인한다.	• 즉시 Jump Seat에 착석한다. • Jump Seat로 가는 동안 승객의 좌석 벨트를 육안으로 확인한다. • 가능한 경우 화장실 내 승객 유무를 확인한다.	• 가장 가까운 빈자리에 앉는다. • 승객의 좌석 벨트 착용 상태를 무리하게 확인하지 않는다.
기내 방송	객실 사무장(또는 객실 승무원)이 실시한다.		
기내 조명	• 객실 조명이 'Off'인 경우 좌석 벨트 착용 확인을 용이하게 하기 위해 필요시 DIM으로 조절한다. • 영화 상영 시나 승객 수면 시 Galley 커튼을 열어 둔다.		

3. Turbulence 방송

Turbulence 1차 방송
손님 여러분, 비행기가 흔들리고 있습니다. 좌석 벨트를 매주시기 바랍니다. Ladies and gentlemen, we are experiencing turbulence. Please return to your seat and fasten your seatbelt.
Turbulence 2차 방송
손님 여러분, 비행기가 계속해서 흔들리고 있습니다. 좌석 벨트를 매셨는지 다시 한 번 확인해 주시고 화장실 이용을 삼가시기 바랍니다. Ladies and gentlemen, we are continuing to experience turbulence. For your safety, please remain seated with your seatbelt fastened.
Turbulence 3차 방송
손님 여러분, 지금 비행기가 심하게 흔들리고 있어 잠시 기내 서비스를 중단하겠습니다. 기류가 안정되는 대로 서비스를 다시 시작하겠으니 양해해 주시기 바랍니다. Ladies and gentlemen, we must also suspend cabin service until conditions improve. Thank you for your understanding.
Turbulence 후 서비스 재개시
손님 여러분, 기류 변화로 인해 비행기가 (다소/많이) 흔들렸습니다. 하지만 지금은 기류의 영향권에서 벗어나 정상 운항하고 있으며 안전에는 문제가 없으니 안심하시기 바랍니다. 곧 식사 및 음료 서비스가 계속되겠습니다. Ladies and gentlemen, thank you for your patience. We will now be resuming our meal, beverage service. Please enjoy the rest of the flight.

4. CAT

CAT(Clear Air Turbulence)란 Clear Air Turbulence로 우리말로는 '천청 난류'라고 한다. 구름 한 점 없는 맑은 날에 예고 없이 발생하는 Turbulence로 조종사들 사이에서는 '마른하늘의 날벼락'이라고 불리고 있다. CAT는 예측이 불가능하기 때문에 항상 조심해야 한다. 기내에서는 항상 승객에게 좌석 벨트를 매고 있도록 안내한다.

1) CAT 대비 승객의 좌석 벨트 상시 착용 안내

- Seatbelt Sign Off 시에도 좌석 벨트 상시 착용 안내를 철저히 확인한다.
- 기류가 불안정한 지역을 통과할 때는 승객이 휴식을 취하기 전 좌석 벨트를 맬 수 있도록 안내한다.
- 승객이 담요를 덮고 있는 경우에는 담요 위로 좌석 벨트를 착용하도록 권유한다.

CAT 및 Severe Turbulence 조우 시 기내 방송

손님 여러분,
조금 전 예기치 못한 기류 변화로 인해 비행기가 심하게 흔들렸습니다.
이 점 널리 양해해 주시기 바라며 도움이 필요한 분이 계시면 저희 승무원에게 말씀해 주십시오.

Ladies and gentlemen,
the turbulence we just experienced was quite rare and unexpected and we are now out of this area.
Please keep your seatbelt fastened at all times and if you need any assistance, please ask our cabin crew.

현 | 장 | 사 | 례

KE000편/ CAT 조우

- 17:00(이륙 약 40분 후), Seatbelt Sign이 1회 켜지고 10분 후 다시 꺼졌다.
- 17:19, Seatbelt Sign Off 상태에서 예기치 않은 CAT(Clear Air Turbulence)가 발생했다.
- 당시 기내 상황은 일부 승객이 화장실을 사용 중이었으며 일부 승무원은 Sales Cart를 E Zone에서 진행 중이었고 일부 승무원은 Aisle과 Galley에서 근무 중이었다.
- CAT가 발생함과 동시에 E Zone 화장실을 사용하고 나오던 승객과 D, E Zone에서 서서 작업을 하던 승무원 전원이 넘어졌다. (승객은 둔부와 허리 부분의 통증을 호소했다.)
- 17:25(이륙 1시간 15분 후), 기장의 승무원 착석 방송이 실시되고 전 승무원이 착석한 약 10분 후 2차 CAT가 발생했다. 이후 재차 Turbulence 방송 실시했다.
- 이후 Landing까지 Seatbelt Sign On 상태에서 착륙했다.

06

기내 업무 방해 행위 발생 시 대응 요령

승객의 기내 업무 방해 행위는 승무원의 정당한 직무집행을 방해하거나 승무원과 탑승객의 안전을 위협하는 일체의 행위를 말한다.

항공안전 및 보안에 관한 법률(제23조 승객의 안전유지협조 의무)을 위반하는 모든 위법 행위를 포함한다.

위법 행위를 저지른 승객에 대한 재판권은 원칙적으로 항공기 등록지국에 재판관할권이 있다.

또한 항공기 착륙국에도 경합적으로 재판관할권이 생기게 된다.

2016년 1월 19일 국토교통부에서는 불법 행위자에 대한 벌칙 수준을 합리적인 수준으로 상향하는 내용으로, 항공기 내 안전 확보 및 불법 행위 방지에 대한 국민들의 높은 요구를 반영하고자 항공기 내에서의 소란 행위 등과 기장 등의 업무를 방해하는 행위에 대한 처벌을 크게 강화하여 기장의 업무수행을 보호하는 한편, 기내에서 죄를 범한 범인의 인도를 의무화하여 불법 행위자에 대한 사법처리 절차를 반드시 이행하도록 하는 내용을 담은 항공보안법 일부 개정안이 공포 · 시행했다.

최근 기내 난동 행위가 급증하고 있는 만큼 승무원의 위기 대처 능력 함양이 더욱 요구되는 시점이다.

- 국토교통부 관계자는 “이번 항공보안법 개정은 대한항공 회항사건('14. 12. 5.)을 계기로 불법행위자에 대한 벌칙 수준을 합리적인 수준으로 상향하는 내용으로, 항공기 내 안전확보 및 불법행위 방지에 대한 국민들의 높은 요구를 반영한 것이며,
- ‘이집트 공항 러시아 여객기 폭발('15. 10. 31.)’, ‘프랑스 파리 동시다발 테러('15. 11. 13.)’ 등 최근의 사건들을 볼 때 특히 국제테러에 취약한 항공분야 테러방지를 위해

크게 도움이 될 것"이라고 설명하면서

- "이번 개정을 통해 기내 불법행위에 대해 처벌이 크게 강화되고, 범인의 인도를 의무화함으로써 사법처리 절차도 엄격하게 적용됨에 따라 그간의 불법행위가 대폭 감소될 것으로 기대된다."고 밝혔다.

출처: 국토교통부

1. 처벌

- 욕설, 흡연, 음주, 약물, 성추행, 전자기기의 사용: 1,000만 원 이하의 벌금
- 기장의 승낙 없이 조종실 출입을 기도한 자: 1,000만 원 이하의 벌금 또는 1년 이하의 징역
- 항공기를 점거하거나 항공기 안에서 농성하는 자: 2,000만 원 이하의 벌금 또는 3년 이하의 징역
- 폭행, 협박 또는 위계로써 기장 등의 정당한 직무를 방해하여 승객의 안전한 운행이나 여행을 위험에 초래케 한 자: 10년 이하의 징역

2. 기내 업무 방해 행위 유형

유형 1(공격적이나 설득 가능: Complied)

- 종류: 항공기 지연 운항, Overbooking, 좌석 불만, 기내 판매 불만, 운송 직원 · 타 승객과의 문제 등
- 성격: 최초 불만 제기 및 명확한 사유 인지가 가능하며, 고성과 분노 표출이 있을 수 있으며, 주로 항공사 조치에 관한 불만을 제기한다. 난동으로 연결되지 않도록 불만의 해결이 가능하며, 승객의 이해 및 불만 원인 해결이 중요하다.

유형 2(공격적이며 대화 어려움: Does Not Comply)

- 종류: 전자기기 사용규정 위반, 만취 난동, 흡연, 승객 간 싸움, 폭언, 성추행, 제반 규정 위반 행위 등
- 성격: 유형 1의 난동 행위가 지속되는 경우 또는 타 승객의 여행 및 승무원 업무를 방해하고 위협을 끼치는 경우에 해당하며, 승무원 개입 부재 시 난동 행위로 발전할 가능성이 농후하다.

유형 3(범법적 성격 농후: Criminal Offense)

- 종류: 승객 · 승무원의 신체적 상해 행위, 심각한 위협 행위, 당사 Property 파괴 행위(기내 설비, 시스템 등), 허가 없이 기내 반입 무기류를 휴대한 경우
- 성격: 유형 2의 난동 행위가 지속되는 경우 또는 안전운항 및 승객 · 승무원의 안전을 심각하게 위협하는 경우에 해당하며, 범죄적 성격이 강하다.

3. 기내 업무 불법 행위 발생 시 객실 승무원의 대응 절차

- Level 1: 설득과 요청
- Level 2: 구두 경고 또는 경고장 제시(기내 업무 방해 행위 발생 보고서 'In-Flight Disturbance Report'를 작성하여 기장의 서명을 받는다.)

- Level 3: 강력 대응(기장과 협의하여 승객을 구금 조치하거나 주변 승객과 격리. 기장으로 하여금 도착지 공항에 경찰 대기를 요청한다.)

4. 비상 신호와 긴급 신호

기내 업무 방해가 있는 경우 승무원이 보낼 수 있는 신호는 비상 신호와 긴급 신호가 있다. 비상 신호는 비행 중 테러, 기내 난동 승객, 응급 환자 발생 시 기장과 모든 승무원에게 알리기 위한 신호를 말한다. 긴급 신호는 항공기 고도가 10,000FT 이하에서 항공기의 이상이나 객실 안전에 문제가 있을 때 객실 승무원이 기장에게 알리기 위한 신호이다.

각 항공기별 신호를 보내는 방법은 아래와 같다.

비상 신호	긴급 신호
B737: 인터폰 2번 버튼을 3회 누른다.	B737: 2번 버튼을 2회 누른다.
B747: 5번 버튼을 2회 누른다.	P 버튼을 2회 누른다.
B777: 5를 2회 누른다.	B777: *를 2회 누른다.
A330: PRIO CAPT 버튼을 누른다.	A330: CAPT, RESET, CAPT 버튼을 누른다.

07

CRM

CRM(Crew Resource Management)이란 사람, 정보, 장비, 환경 등 유용한 모든 자원을 인지하고 활용함으로써 효율적이고 안전한 비행이 되기 위한 노력이라 할 수 있다. 항공기 사고의 주요 요인이 되고 있는 인적 과실은 인간과 환경의 상호작용을 뜻하는 인적 요인(Human Factor)에서 비롯된다는 사실에 주목하면서, 인적 과실 방지 교육의 방법으로서 운항 승무원과 객실 승무원, 관제사, 정비사, 운항 관리사, 지상 직원 등 운항에 관련된 다양한 집단까지 적용하는 폭넓은 안전관리 개념으로 자리 잡게 되었다.

예전에는 객실 승무원의 안전의식은 비행 안전에 있어 객실 승무원의 영향력과 역할은 항상 보조적이고 이차적이라고 생각하는 것이 일반적이었으나 현재는 운항 안전은 단지 운항 승무원에게만 책임이 있는 것이 아니라 객실 승무원도 객실 안전뿐만 아니라 객실 안전을 포함하고 있는 비행 안전에 대한 역할과 책임이 주어져 있다는 사실을 깨달아야 한다는 것이다.

그러므로 운항 승무원과 객실 승무원 그리고 정비사나 지상 직원 등 그들과의 원활한 의사소통은 이들을 하나로 묶는 Team으로 인식하고 Teamwork에 의해 실천되어야 한다.

1. CRM의 구성요소

CRM은 다음의 여섯 가지 요소로 구성되며 이 요소들은 Teamwork의 상승효과를 만들기 위한 필수적인 요소들이다.

의사소통(Communication)

안전 운항에 필요한 정보를 효과적으로 전달하고 전달 받는 것이다.

상황 인식(Situational Awareness)

현재 어떤 일이 일어나고 있으며 지금의 상황이 앞으로 어떤 영향을 미치는 것인지 판단하고 예측하는 것이다.

직무 관리(Workload Management)

주어진 업무의 역할을 인식하고 올바른 상황 인식을 유지하며 제한된 시간 내에 업무를 효과적으로 달성하기 위해 준비, 계획하고 업무를 분장하는 것이다.

의사결정(Decision Making)

종합적이고 합리적인 판단에 기초하여 인지, 조사, 선택, 재평가의 단계를 거쳐 구체적인 행동과 의사를 결정하는 것이다.

인간 행동(Human Performance)

업무적 환경이 승무원의 행동과 신체에 미치는 영향과 반응을 이해하고 업무수행에 필요한 최적의 상태를 유지하는 것이다.

상호협력(Crew Coordination)

개인과 개인, 집단과 잡단 간의 상호간 이해와 신뢰를 바탕으로 자발적인 참여를 통해 Teamwork의 상승효과를 만드는 것이다.

2. CRM을 실천하기 위한 방법

문제의식

자신과 다른 팀원의 생각과 결정 그리고 어떤 사실의 안전성과 객관성을 끊임없이 재검토하는 것이다.

신념의 표명

내가 확신하고 있는 것을 주저 없이 이야기할 수 있으며, 또한 다른 사람의 의견과 행동에 납득할 만한 이유가 있다고 판단되면 언제든지 나의 생각을 바꿀 수 있는 자세이다.

갈등의 해결

팀 내에 갈등이 발생하게 되면 그 원인을 찾아내고 원만한 해결을 위해 노력하는 것이다.

비평

업무에 관련된 다른 팀원의 실수에 대해 바른 지적과 지도를 아끼지 않으며, 업무가 끝난 후에도 피드백을 통해 객관적이고 합리적인 업무 자세를 잃지 않으려고 노력하는 것이다.

의사결정

행동을 위한 의사결정 상황에서는 남에게 미루지 않고 스스로 합리적이며 건전한 결정을 내릴 수 있도록 노력하는 것이다.

잠깐! 점검해 볼까요?

01
비행 중 상시 좌석 벨트 착용 안내

1. 좌석 벨트를 상시 매고 있어야 하는 이유는 무엇입니까?

2. 좌석 벨트 착용을 거부하는 승객을 응대해 보시오.

   승객: 어차피 지금 흔들리지도 않는데 그냥 매지 않을래요…….
   승무원: ______________________

02
승객 기내 흡연

1. 기내 흡연이 가장 많이 발생되는 장소는 어디입니까?

2. 기내 흡연으로 인하여 발생될 수 있는 위험 상황은 무엇입니까?

3. 기내 흡연 승객 대응 절차에 따라 승객의 흡연을 제지해 보시오.

4. 흡연 제지 안내 방송을 실시해 보시오.

03
기내 밀폐 공간 내부 상태 점검

1. 객실 안의 밀폐 공간을 열거해 보시오.

2. 화장실은 매 ○○분마다 점검하시오.

3. 밀폐 공간 안에 의심 물건이 있는지 확인해 보시오.

04
비행 중 의심스러운 승객 및 이상 물건 보고

1. 의심스러운 물건에 대하여 열거해 보시오.
2. 의심스러운 승객에 대하여 열거해 보시오.
3. 의심스러운 승객이나 의심스러운 물건 발견 시 보고해 보시오.

05
Turbulence

1. CAT와 Turbulence의 차이점을 설명해 보시오.
2. Moderate Turbulence 시 Chime은 몇 번 울립니까?
3. Turbulence 방송을 시행해 보시오.
4. Turbulence 정도에 따른 대응 절차를 수행해 보시오.
   Light/Moderate/Severe

5

착륙 후 안전 · 보안 점검 관리하기

01

이동 승객 제지, 착석 상태 점검

수행 준거

객실 안전 규정에 따라 이동 승객을 제지하고, 착석 상태 유지를 안내할 수 있다.

지상 활주로에서 Taxing 중 승객이 좌석 벨트를 풀고 자리에서 일어나거나 짐을 꺼내는 일은 매우 위험한 일이다. 비행기가 움직이다가 갑자기 멈춰 서야 하는 순간이 생길 경우, 일어서 있는 승객은 중심을 잃고 쓰러질 수 있기 때문이다. 실제로 필자가 비행 중 겪은 사례 중에는 어린아이가 Taxing 중 복도에서 걸어가다 넘어지면서 좌석 손잡이에 부딪혀 입술이 터지는 사례가 있었으며, Taxing 중 비행기가 갑자기 멈춰 서면서 서있던 승객이 넘어져 부상을 당하는 사례가 있었다.

그러므로 객실 승무원은 항공기가 완전히 멈출 때까지 승객이 좌석에 착석할 수 있도록 적극적으로 안내해야 한다. 또한 계속해서 승객이 좌석에서 이탈할 경우 사무장은 착석 상태 유지 안내 방송을 실시할 수 있다.

도착 후 착석 상태 유지 안내 방송

손님 여러분,

이곳 ○○공항의 활주로와 주기장(駐機場) 사이의 거리가 멀어 터미널까지 도착이 지연되고 있습니다.

좌석 벨트 표시등이 꺼질 때까지 자리에 앉아 기다려 주시기 바랍니다.

Ladies and gentlemen,
due to the long distance between the terminal and runway at ○○ international airport, it will take a few more minutes. Please remain seated until the captain has turned off the seatbelt sign.
Thank you for your understanding.

착륙 후 승무원의 업무 절차

시점	객실 승무원의 업무
착륙	• Farewell(도착 방송) • Boarding Music On • Taxing 중 이동 승객 제지 및 착석 상태 유지
게이트 도착	• Safety Check(Slide Mode 정상 위치로 변경) & Door Open • 조명 Full Bright로 변경 • 운송 담당 직원에게 Ship Pouch 인계(사무장) • 승객 하기 방송(사무장) • 승객 하기(응급 환자 → VIP, CIP → 일등석 승객 → 비즈니스 승객 → UM(비동반 소아) → 일반석 승객 → 장애인 승객(Wheelchair) → 스트레처(Stretcher) 환자 승객 • 잔류 승객 확인 • 유실물 점검 및 조치 • 기내 설비 이상 유무 점검 및 보고 • 서비스 물품 및 기내 면세품 인수인계
항공기 밖	De-Briefing

1) 승객 하기

승객 하기 시 객실 승무원은 담당 클래스별, 각자의 담당 구역별로 Jump Seat 주변에서 승객에게 하기 인사를 하고 승객 하기가 순조롭게 진행되도록 협조한다.

비동반 소아(UM), 장애인 승객, 유아 동반 승객, 노약자 승객, 짐이 많은 승객 및 제한 승객 등 도움이 필요한 승객의 경우에 휴대 수하물 정리를 도와주고 하기에 협조한다.

그 밖에 TWOV(무사증 통과자) 및 Deportee(강제 추방자)의 인수인계 및 환승 승객의 재확인을 실시한다.

© Rob Crandall / Shutterstock.com

승객 하기

02
승객 유실물 점검 및 조치

수행 준거

객실 안전 규정에 따라 승객의 유실물을 점검하고 조치할 수 있다.

모든 승객의 하기가 완료되면 객실 및 화장실의 잔류 승객과 유실물 점검을 최우선적으로 실시한다. 담당 구역의 승객 좌석, 승객 좌석 주머니, Overhead Bin, 코트룸, 화장실 등을 확인하고, 회수가 미처 되지 못한 헤드폰 및 잡지, 화장실용품 등의 기내용품을 전량 회수한다.

담요를 걷어내고 유실물 점검

필자의 경우, 승객이 비행 중 덮고 있던 담요나 베개 밑에 유실물이 가려져 있는 경우가 종종 있어 모든 담요를 일일이 들어 좌석 하나하나 점검하곤 했다.

유실물을 발견한 승무원은 객실 사무장에게 보고하고, 유실물의 내용, 형태, 개수, 발견 장소 등을 습득물 인수인계서에 작성 후 원본 1장은 유실물과 함께 도착지 운송 직원에게 인계하고, 사본 1장은 사무장 인수인계 서류와 함께 제출한다.

운송 직원과의 접촉(Contact)이 불가한 경우에는 공항 출 · 도착지 해당 기관 혹은 사무소에 인계한다.

습득물 인수인계서

관리 번호 REF NBR				
습득 시기 FOUND DATE	년	월	일 (YY/MM/DD/TIME)	시
습득 장소 FOUND AREA	FLIGHT NO. AREA			S/N
습득한 물건 FOUND ITEM	품명 ITEM		수량 QUANTITY	
	내용 CONTENTS			
습득자 FINDER	소속 COMPANY		부서 DEPARTMENT	
	연락처 TEL		성명 NAME	(서명) SIGNATURE
인수자 DUTY	소속 COMPANY		부서 DEPARTMENT	
	연락처 TEL		성명 NAME	(서명) SIGNATURE
세관/관계기관 CUSTOM/ RELATED DEPARTMENT	소속 COMPANY		부서 DEPARTMENT	
	연락처 TEL		성명 NAME	(서명) SIGNATURE
처리 내역 RESULT	고객 인도(폐기) 이관 기관	년 월 년 월	일 일	담당자: 담당자:
	DETAIL	DATE		AGENT:
부서장 확인 MANAGER	직위 POSITION		성명 NAME	(서명) SIGNATURE

03

기내 설비 이상 유무 점검 및 보고

수행 준거

객실 안전 규정에 따라 기내 설비 이상 유무를 점검하고 보고할 수 있다.

승객 하기 후 객실 승무원은 비행 중 있었던 기내 설비의 문제점 등을 사무장에게 보고하고 이 내용을 CDL(Cabin Discrepancy List)에 작성하여 운항 승무원과 정비사에게 인계한다.

1. CDL

CDL은 객실 장비 · 설비의 이상이 발생할 경우 해당 내용을 보고하고 교체 또는 수리하기 위해 기록하는 서류이다.

1) CDL 서류 작성하는 방법

- 비행편수, 구간, HL NO, 날짜. 기장 · 사무장 이름 등을 영어로 기입하며 결함 사항 발생 시에만 작성한다.
- 안전 관련 설비에 결함이 발생했을 경우, 해당 설비의 위치를 기입하고, 결함 내용에 ✓로 표시한다.
- 안전 관련 설비가 아닌 일반 설비에 결함이 발생했을 경우, Memo의 'Item No'란에 숫자로 기입하고 'Malfunction'란에 결함 내용과 위치를 기입한다.
- 보안 관련 장비는 CDL에 기입하지 않는다.

• 비행 전, 객실 사무장은 이전 구간에서 작성된 CDL을 확인하여 결함 사항이 적절히 조치되었는지 확인해야 한다.

2) CDL 구성

총 3장으로 위부터 노란색, 흰색, 분홍색이 1세트이다. 결함 사항 기재 후 두 번째 페이지(White Copy)는 운항 승무원에게 Approaching 시점 전에 전달하는 것을 원칙으로 하나, 불가능한 경우 Ramp in 후 최대한 빨리 전달한다.

나머지 노란색, 분홍색 페이지는 정비 본부에서 관리한다.

2. 대표적인 기내 설비 결함 예시 및 CDL 서류 작성법

구분	결함 내용	작성법	구분	결함 내용	작성법
Air Conditioning	작동 불능	Inoperative	Air Chiller	작동 불능	Inoperative
	기름 냄새 남	Smell Of Oil			
	세게 나옴	High Air Flow		시원하지 않음	Not Chill Enough
	약하게 나옴	Low Air Flow			
Armrest	손상됨	Damaged	Attendant Call Button Indicator	켜지지 않음	Not Illuminate
	더러움	Dirty		꺼지지 않음	Stays Illuminated
	움직이지 않음	Not Move		손상됨	Damaged
	느슨함	Loose		상태 불량	Bad Quality
Backrest	잘 움직이지 않음	Not Move Easily	Boarding Music	볼륨이 너무 작음	Volume Too Low
				볼륨이 너무 큼	Volume Too High
	목표 위치까지 움직이지 않음	Not Move Fully To Target Position		소음 발생	Makes Noise
				작동 불능	Inoperative
Door (Lavatory, Crew Rest Area, Coat Room)	손상됨	Damaged	Galley Drain	막힘	Clogged
	문이 열리고 닫히지 않음	Not Open/ Close Easily			
	소음 발생	Makes Noise			
Individual Video Monitor	화면 상태 불량	Screen Malfunction	In Seat Audio	작동 불능	Inoperative
				볼륨 조절 안 됨	Volume Control Malfunction
				채널 오작동	Channel Selection Malfunction

(계속)

구분	결함 내용	작성법	구분	결함 내용	작성법
Light (Ceiling, Threshold, Galley, Wall, Lavatory)	손상됨	Damaged	Monitor	상태 불량	Bad Quality
	꺼지지 않음	Stays Illuminated			
	켜지지 않음	Not Illuminate		작동 불능	Inoperative
	깜빡거림	Flickering		화면 흐림	Out Of Focus
Oven	냄새 남	Bad Smell	PRAM	소리가 너무 큼/작음	Volume Too High/Low
	더러움	Dirty		소음 발생	Makes Noise
	손상됨	Damaged		작동 불능	Inoperative
PA	소리가 너무 큼/작음	Volume Too High/Low	Reading Light	각도 조절 필요	Adjustment Necessary
				꺼지지 않음	Stays Illuminated
				켜지지 않음	Not Illuminate
	소음 발생	Makes Unwanted Noise		깜빡거림	Flickering
				저절로 꺼짐	Goes Off Automa-tically
Seat	손상됨	Damaged	Seatbelt	손상됨	Damaged
	더러움	Dirty		더러움	Dirty
	젖음	Wet		작동불능	Inoperative
Toilet Bowl	흡입이 되지 않음	Suction Operates Not Sufficient	Toilet Basin	넘침	Overflow
				물이 나오지 않음	Water Not Flow
				물이 계속해서 흘러나옴	Water Flows Continuously
Tray Table	기울어짐	Tilted	Trash Compactor	문이 여닫아지지 않음	Door Inoperative
	쉽게 움직이지 않음	Not Move Easily		작동 불능	Inoperative
	느슨함	Loose		정상적으로 작동하지 않음	Malfunction
				새어 나옴(기름, 물)	Leaks

현 | 장 | 사 | 례

"청주에서 제주로 가는 비행기 비즈니스 7A 좌석을 타는 중에 의자가 흔들려서 시정할 것을 요구하고 내렸습니다. 그런데 마침 돌아오는 비행기도 똑같은 항공기에 같은 자리였습니다. 출발하기 15분 전에 저를 찾는 안내 방송이 나오더군요. 의자가 흔들리니 양해 좀 해달라고요. (타라고 하는 건지 말라는 건지) 안내 방송을 한다는 자체가 너무 기분 나쁘고 비싼 돈 주고 비즈니스를 탄 이유가 없지 않습니까?"

➡ 승객의 기내 설비 관련 불만 · 불편 접수 시 해당 설비의 정상 · 비정상 여부를 승무원 임의로 판단하지 말고 모든 내용을 CDL에 작성해야 한다. 또한 CDL 작성 후에도 해당 좌석에 대한 정비가 제대로 이루어졌는지를 확인하고, 객실-정비-여객 부서 간의 업무 공유를 통해 승객의 불편이 최소화될 수 있도록 해야 한다.

잠깐! 점검해 볼까요?

01 이동 승객 제지, 착석 상태 점검

1. 항공기 Taxing 중 선반을 열어 짐을 꺼내는 승객을 응대해 보시오.
2. 항공기 Taxing 중 화장실에 가는 승객을 응대해 보시오.
3. 항공기 Taxing 중 돌아다니는 어린이를 응대해 보시오.
4. 항공기 정지 후 승무원 업무를 순차적으로 실습해 보시오.

02 승객 유실물 점검 및 조치

1. 승객 하기 후 객실 점검 중 화장실, Bunk, 객실 등에 남아있는 승객을 응대해 보시오.
2. 승객 하기 후 객실 점검 중 승객 유실물 발견 시 대처 요령을 실습해 보시오.
3. 승객 하기 후 객실 점검 중 의심스러운 물건(총기류, 액체류, 폭발물 등) 발견 시 대처 요령을 실습해 보시오.

03 기내 설비 이상 유무 점검 및 보고

1. Galley 설비의 이상 유무를 발견하고 보고해 보시오.
2. 승객 좌석의 이상 유무를 발견하고 보고해 보시오.
3. 화장실 설비의 이상 유무를 발견하고 보고해 보시오.

EXIT

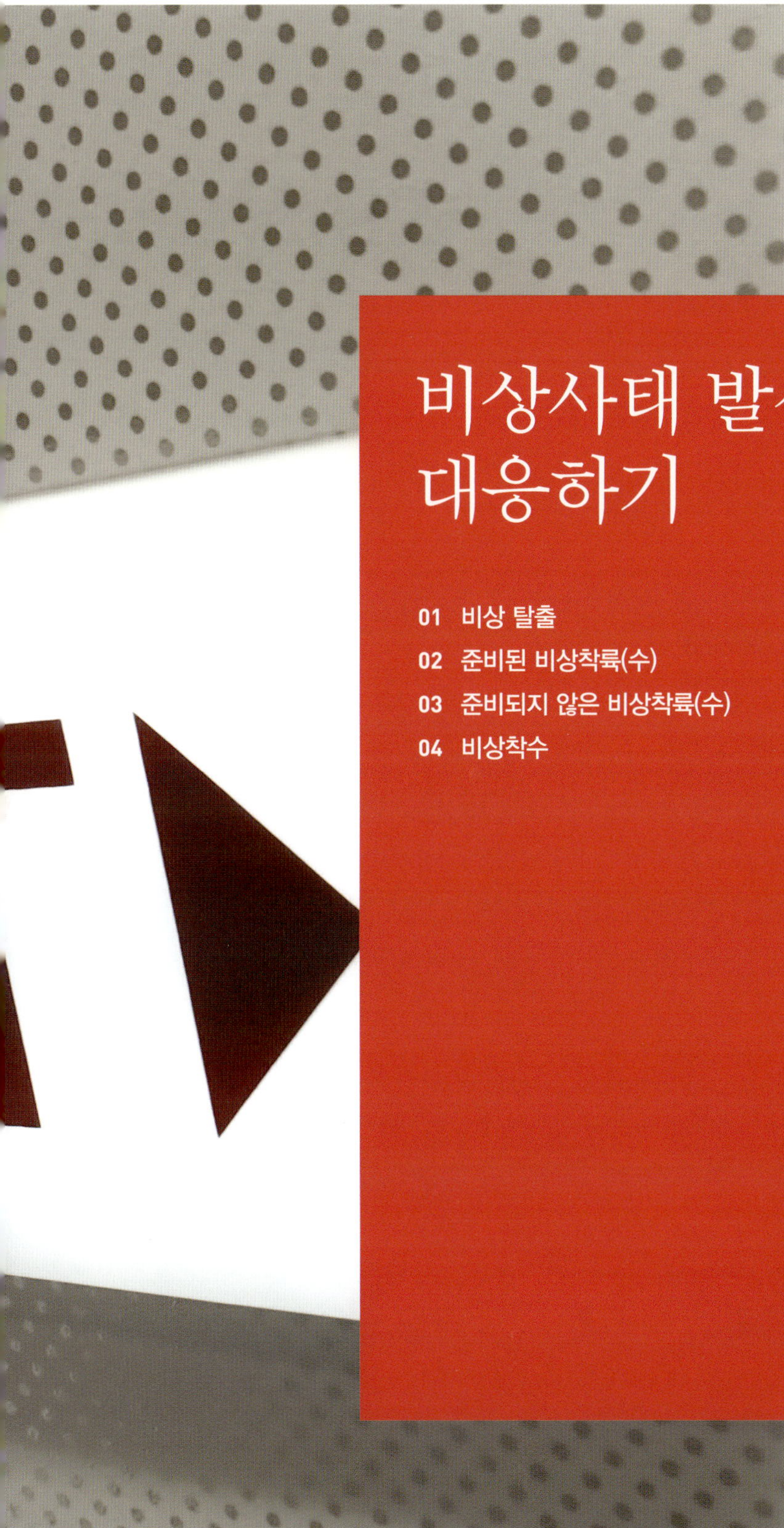

6

비상사태 발생 시 대응하기

01 비상 탈출

02 준비된 비상착륙(수)

03 준비되지 않은 비상착륙(수)

04 비상착수

01 비상 탈출

수행 준거

- 객실 안전 규정에 따라 비상사태를 인지할 수 있다.
- 객실 안전 규정에 따라 비상사태를 보고할 수 있다.
- 객실 안전 규정에 따라 비상사태를 조치할 수 있다.

항공기 운항 중 기체의 중대한 결함이나 돌발적인 비상사태의 발생으로 항공기가 더 이상 운항하지 못하고 육지에 긴급히 착륙하는 것을 '비상착륙(Emergency Landing)'이라고 하며, 바다나 호수, 강 등 수면 위에 착륙하는 것을 '비상착수

2014년 아시아나 항공/샌프란시스코 공항 사고 현장

(Emergency Ditching)'라고 한다. 이와 같은 비상사태는 Landing까지 다소 시간적 여유가 있는 '준비된 비상사태'와 전혀 예기치 못한 돌발적인 상황인 '준비되지 않은 비상사태'로 구분된다. 준비되지 않은 비상사태는 주로 이착륙 시 발생한다.

비상사태가 발생되면 객실 승무원들은 정해진 비상 절차에 의거하여 신속히 승객들을 대피시켜야 하며 다음과 같은 기본 원칙을 고려하여 비상사태에 대응해야 한다.

- 충격으로부터의 보호
- 항공기로부터의 탈출
- 환경으로부터의 생존

미국의 저명한 항공기 사고 연구가인 Johnson 박사는 비상사태 발생 시 승객 탈출의 성공 여부는 '얼마나 빨리 비상구를 여는가?', '얼마나 빨리 비상구에 승객을 접근시키는가?', '얼마나 빨리 미끄럼대를 탈 수 있는가?'에 달려 있다고 지적하고 있다.

객실 승무원은 비상탈출 시의 행동 절차를 훈련받는다. 입사 후 신입 시절 훈련 및 매년 정기적으로 훈련받음으로써 승무원으로서의 행동 요령을 익힌다. 비상사태는 신속하고 정확한 대응이 필요하므로 다음의 절차를 숙지하고 침착하게 대응하도록 한다.

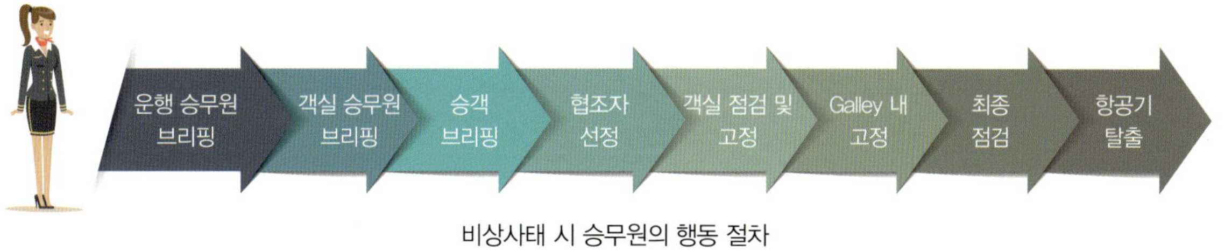

비상사태 시 승무원의 행동 절차

02

준비된 비상착륙(수)

1. 운항 승무원 브리핑

기장은 사무장에게 비상착륙까지의 잔여시간, 비상사태의 유형(착륙/착수), 사고 원인, 기상 조건, 비상 신호 등을 브리핑한다.

기장은 객실 사무장과 긴급 통화가 필요할 때 다음의 절차를 사용한다.

- 기장은 'Purser, Contact Cockpit Immediately'라고 PA한다.
- 객실 사무장은 반드시 Cockpit으로 즉시 연락을 취한다.

2. 객실 승무원 브리핑

기장으로부터 정확한 상황을 전달받은 사무장은 객실 승무원 전원을 소집하여 기장으로부터 전달받은 사항에 대해 전달과 함께 객실 승무원 각자에 대한 임무를 부여하고 주지시킴으로써 승객 탈출을 효과적으로 하기 위한 사전 준비를 한다.

- 기장과의 브리핑 내용 전달
- 비상사태 유형 및 준비 가능 시간을 고려한 객실 준비 절차 수립
- 신속한 탈출 준비를 위한 승무원 상호간 협의
- 승객 브리핑 시 필요한 장비 준비(좌석 벨트, Safety Information Card, 승무원용 구명복)

3. 승객 브리핑

운항 승무원 브리핑 및 객실 승무원 브리핑을 마치면, 곧바로 담당 구역 승객들에게 나와 행동 절차를 지시하고 안내한다.

사무장은 아래와 같이 단계별로 기내 방송을 실시하고, 동시에 승무원은 담당 구역의 승객들에게 나와 방송에 따른 안내를 실시한다.

- 서비스용품 보관
- 승객 좌석 점검(좌석 등받이, Tray Table, 개인용 Video, 발 받침대)
- 탈출 차림 점검(비상착수 시 신발 벗음)
- 휴대품 보관 상태 확인
- 구명복 착용(비상착수 시)
  - 구명복은 기내에서 부풀리지 말고 탈출 직전 비상구 앞에서 부풀릴 것을 설명한다.
- 좌석 벨트 착용 확인
- 충격 방지 자세 시범 및 안내
- Safety Information Card
- 객실 조명 Full Bright 상태로 유지

승객 브리핑 안내 방송

손님 여러분, 주목해 주십시오.
긴급사태가 발생했습니다.
이 비행기는 약 ○○분 후에 비상착륙(수) 하겠습니다.
저희 승무원들은 이러한 상황에 대비해 충분히 훈련을 받았습니다.
침착해 주시고 지금부터 객실 승무원들의 지시에 따라 주십시오.

Ladies and gentlemen,/ we need your attention./
We will have to make an emergency landing(ditching)/ in about ○○ minutes./
We are trained to handle this situation./
Remain calm/ and follow the instructions of your cabin crew.

승객 좌석 점검 방송

저희 승무원들이 여러분의 좌석으로 가게 되면 수거하기 쉽도록
식사 Tray나 빈 캔 등을 통로 쪽으로 내놓아 주십시오.
좌석 등받이를 지금 바로 세워 주시고 Tray Table은 닫아 주십시오.
(발 받침대와 개인용 Video를 제자리로 해 주십시오.)

When the cabin crew come to your row,/ pass your food tray/ and all other service items/ to the aisle for pick up./
At this time,/ bring seatbacks to the upright position/ and stow all traytable./
Stow footrest/ and in-seat video units./
Cross check!

탈출 차림 점검 방송

펜이나 장신구 같은 날카로운 물건을 모두 치워 주십시오.
스파이크 신발 및 하이힐은 벗으십시오.
넥타이, 스카프 같은 것들은 느슨하게 풀어 주십시오.

Remove all sharp objects such as pen/ and jewelry./
Also remove loose objects/ such as neckties and scarves./
Remove spike heeled shoes./
Cross check!

휴대품 보관 방송

풀어낸 모든 물건은 소지하신 가방 안에 넣으십시오.
착륙 전 안경은 벗어서 양말이나 상의 옆 주머니 속에 넣으십시오.
앞좌석 주머니 속에는 아무것도 넣지 마십시오.
소지하신 모든 짐은 좌석 밑 또는 머리 위 선반 안에 넣으십시오.
저희 객실 승무원들은 통로에서 여러분을 도와 드리겠습니다.

Put all of these items in carry–on baggage./
Remove eyeglasses before landing/ and put them in your sock/ or a side pocket./
Do not put anything in the seat pocket in front of you./
Put all carry-on items under a seat or in an overhead bin./

Cabin crew will be in the aisle to assist you.

Cross check!

비상 착수 시 구명복 착용 안내 방송

좌석 밑이나 옆에 있는 구명복을 꺼내십시오.
보호 탭을 잡아 당겨 구명복을 주머니에서 꺼내십시오.
머리 위에서부터 입으시고 양팔을 끼운 다음 끈을 허리 아래로 당기십시오.
끈을 몸에 맞도록 조절해 주십시오.
항공기 내에서는 절대 부풀리지 마십시오.
구명복은 양쪽에 있는 고무관을 불어서 부풀릴 수 있습니다.
아기나 어린이를 동반하신 분은 저희 객실 승무원들이 아이들에게 구명복 입히는 것을 도와드리겠습니다.
도움이 필요하신 분이 계시면 승무원을 불러 주십시오.

Locate the life vest under/ or on the side of your seat/ and remove it./
Remove the vest/ from the pouch/ by pulling on the tab./
To put the vest on,/ slip it over your head./
Adjust the straps/ around your waist./
Do not inflate the vest inside the aircraft./
As you leave the aircraft, pull down on the two red tabs to inflate the vest./
The vest can also be inflated/ by blowing into the tubes on either side./
For those traveling with infants or children/ the cabin crew will assist you/ in putting vest on the children.
For anyone else needing help./ cabin crew will assist you.
Cross check!

좌석 벨트 착용 방송

좌석 벨트를 매십시오.
버클을 끼우고 끈을 아래쪽으로 하여 단단히 조여 주십시오.
'벨트 풀어.'라는 지시가 있으면 버클 덮개를 들어 올리십시오.

Fasten your seat belt.
Place the metal tip into the buckles/ and tighten the strap low/ and secure about you./

When told to release your seatbelt,/ lift the top of the buckle./
Cross check!

승객의 좌석 벨트가 복부가 아닌 골반 쪽으로 단단히 착용하도록 안내 및 확인한다.

충격 방지 자세 방송

착륙 직전에 충격 방지 자세를 취하라는 신호가 있을 것입니다.
신호는 ______(신호 내용)이며, 이때 승무원들이 충격 방지 자세를 취하라는 지시를 할 것입니다.

The signal to brace will be given/ just before landing./
The signal will be ______(신호 내용), and the cabin crew will command you to brace.

충격 방지 자세를 취하라는 신호가 있으면 발을 바닥에 대고
양팔을 엇갈리게 하여 손을 앞좌석 상단을 잡으십시오. 머리는 팔에 대십시오.

When instructed to brace for impact,/ place your feet on the floor,/ cross your arms/ and put your hands on the seat/ in front of you./ Put your head on your arms.

앞좌석 등받이에 손이 닿지 않거나 앞에 좌석이 없는 경우에는,
상체를 앞으로 최대한 숙여 팔을 허벅지 밑으로 넣어 단단히 안거나
손으로 발목을 잡고 머리를 무릎에 대십시오.

If you cannot reach the seatback in front of you,/ or if there is no seat in front of you,/ lean forward as far as you can/ and wrap your arms tightly under your legs/ or grab your ankles/ and put your head on your knees.

충격 방지 자세는 항공기가 완전히 정지할 때까지 취하고 있어야 합니다.
이후, 승무원의 지시에 따라 주십시오.
아기나 어린아이와 함께 계신 분은 저희 승무원들이
어린이가 충격 방지 자세를 취할 수 있도록 도와드리겠습니다.

도움이 필요한 다른 분은 저희 승무원들이 도와드리겠습니다.

Hold your bracing position/ until aircraft comes to complete stop./
Then follow the instruction of your crew./
For those traveling with infants or children,/ the cabin crew will assist you to prepare your child to brace./
For anyone else needing help,/ the cabin crew will assist you.
Cross check!

앞좌석 주머니 속에서 Safety Information Card를 꺼내어 좌석 벨트, 충격 방지 자세, 구명복(비상착수 시), 탈출구 위치 및 탈출구 작동법을 재확인하십시오.
저희 승무원들이 통로에서 여러분을 도와드리고 질문에 답해 드리겠습니다.
주목해 주셔서 감사합니다.

Take the Safety Information Card from the seat pocket/ in front of you and review seatbelt operation,/ bracing position,/ lifevest operation(ditching only), exit location,/ and exit operation./
Cabin crew will be in the aisle to assist you/ and answer any questions./
Thank you for your attention.
Cross check!

4. 협조자 선정

- 비상 탈출구에 배치할 협조자를 선정하고 임무를 부여한다.
- 탈출구별로 협조자 3명을 선정한다(1명–객실 승무원 도움, 2명–먼저 탈출하여 외부에서 승객 도움).
- 협조자들을 담당 탈출구 주변 좌석으로 재배치한다.
- 스스로 이동이 어려운 승객을 위한 협조자를 선정하고 임무를 부여한다(해당 승객 옆에 협조자가 앉도록 좌석 재배치).

협조자 모집 방송문

손님 여러분,
여러분 중에 항공사 직원, 경찰, 소방관 또는 군인이 계시면

충격 방지 자세와 Shouting

충격 방지 자세

항공기가 비상착륙(수)을 하게 되면 착륙(수)과 동시에 승객과 승무원은 큰 충격을 몸에 받게 된다. 이에 대비하여 충격을 최소화하는 자세를 충격 방지 자세라 한다. 상황에 따른 올바른 자세를 취할 수 있도록 객실 승무원은 정확하게 안내해야 하며, 승무원 또한 Jump Seat에서 충격 방지 자세를 취해야 한다.

충격 방지 자세 설명 및 시범

- 사무장의 방송에 맞추어 승무원은 충격 방지 자세의 시범을 보인다.
- 승객의 충격 방지 자세를 점검한다.
- 항공기가 완전히 정지 시까지 충격 방지 자세를 계속 유지하도록 안내한다.

기장이 Fasten Seatbelt Sign을 4회 점멸시키고 'Brace for Impact'라는 방송을 실시하면 즉시 충격 방지 자세를 취한다. 기장의 방송은 착륙 1분 전에 실시하며 이때 전 승무원은 승객들이 충격 방지 자세를 취할 수 있도록 Shouting을 3회 실시한다.

〈Shouting〉
"충격 방지 자세! Brace! 충격 방지 자세! Brace! 충격 방지 자세! Brace!"

Shouting이란

객실 내 전원 공급이 차단되면 객실은 어둡게 되고 승객들은 극도의 공포감을 느끼게 된다. 또한 객실 내의 중요한 커뮤니케이션 수단인 PA가 작동되지 않으므로 객실 승무원들은 Flash Light 및 Megaphone이나 육성으로 Shouting하여 승객의 탈출을 지휘해야 한다.

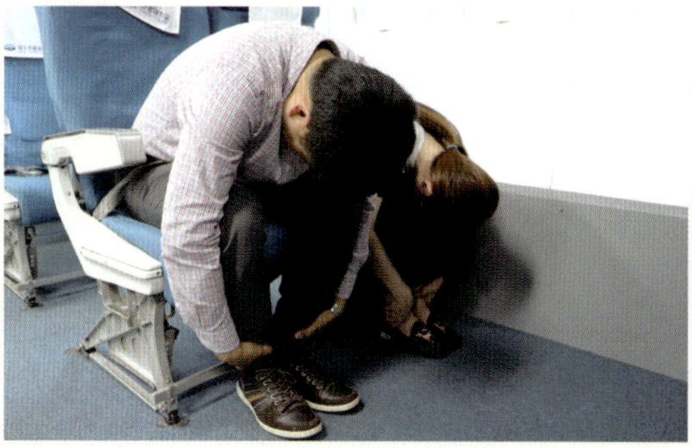

Bulkhead Seat

Non-bulkhead seat

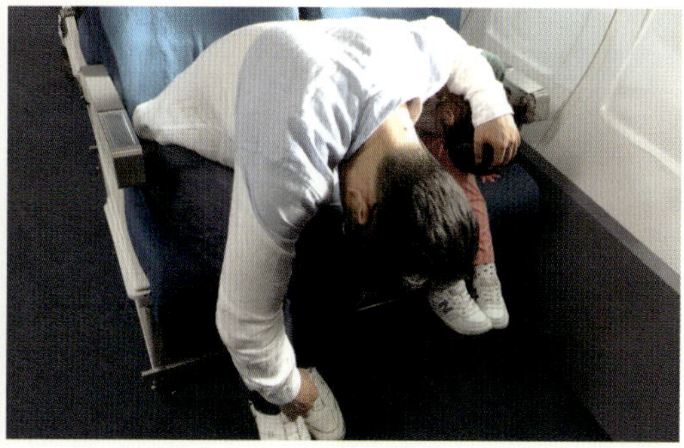

유아 동반 승객

전향 승무원

후향 승무원

승무원에게 알려 주시기 바랍니다. 여러분의 도움이 필요합니다.

Ladies and gentlemen,
if there are any airline employees, law enforcement, fire rescue or military personnel on board, please identify yourself to the cabin crew.
We need your assistance.

---

5. 객실 점검 및 고정

- 수하물이 안전하게 보관되어 있는지를 확인한다.
- 승객의 좌석 벨트 착용 상태를 확인한다.
- 좌석 등받이, Tray Table, 개인용 모니터 등의 원위치 상태를 확인한다.
- 화장실 상태를 확인한다.

6. Galley 내 고정

- Cart, Carrier Box 등을 고정하고 Latch를 건다.
- Coffee Pot 안의 Coffee는 비우고 Pot는 고정한다.

7. 최종 점검

- 항공기 외부보다 객실 내부 조명을 어둡게 조절한다.
- 승무원들에게 임무를 재숙지시킨다.
- 기장에게 '착륙 준비 완료'를 보고한다.
- 전 승무원 Jump Seat에 착석시킨다.
- Emergency Light On 상태인지 확인한다.

8. 항공기 탈출

항공기가 완전히 멈추고 기장과 객실 승무원 간의 사전에 브리핑된 기장의 탈출 지시나 방송 또는 탈출 신호음을 듣는 즉시 탈출을 시작한다.

단, 기장으로부터 연락이 없고, 항공기가 완전히 정지한 후 다음과 같은 상황일 때에는 객실 승무원이 비상탈출을 스스로 결정할 수 있다.

- 항공기의 구조적 손상이 심할 때
- 객실 내 화재나 연기가 발생했을 때
- 승객들이 위험한 상황에 처했을 때

9. 승객 탈출 지시 및 지휘 절차

1) 외부 상황 판단

항공기가 완전히 정지한 후 기장이나 사무장의 탈출 지시를 듣는 즉시 객실 승무원은 Jump Seat에서 벨트를 풀고 일어남과 동시에 큰소리로 Shouting을 실시한다. 비상착륙 및 비상착수 시 좌석 이탈 Shouting은 다음과 같이 실시한다.

좌석 이탈 명령어

Shouting: 비상착륙 시	'벨트 풀어!'	'Release Seatbelt!'
	'일어나!', '나와!'	'Get up!' 'Get Out!'
	'짐 버려!'	'Leave Everything'
Shouting: 비상착수 시	'벨트 풀어! '	'Release Seatbelt!'
	'구명복 입어!'	'Get your Life Vest!'
	'일어나!', '나와!'	'Get up!', 'Get Out!'
	'짐 버려!'	'Leave Everything'

이때 Flash Light를 장탈한 후, Assist Handle을 잡은 채로 신속하게 외부상황을 판단하여 Door를 열 것 인지를 판단해서 행동해야 한다. 만일 엔진의 화재 또는 항공기의 불균형한 착륙 등으로 인해 Slide 사용이 불가능한 경우에는 다른 탈출구를 이용하도록 유도한다. 특히 비상착수 시에는 수면 위에 위치한 비상 탈출구만 이용하며, Slide 팽창 여부도 결정해야 한다.

2) Door 개방

외부 상황 판단 후 이상이 없으면 승무원은 지체 없이 Door를 개방한다. 이때 Slide 모드가 팽창 위치인지를 반드시 확인하고 Door를 개방하며, 자동으로 팽창이 되지 않을 경우를 대비하여 Manual Inflation Handle(수동 팽창 핸들)을 잡아당긴다. 필요한 경우 협조자에게 외부 상황을 확인하고 탈출구를 개방하도록 지시한다.

Shouting: 비상구 유도 명령어

탈출구 정상	'탈출구 정상!' '이쪽으로!'	'Good Exit!' 'Come This Way!'
탈출구 불량	'탈출구 불량!' '사용 불가!' '화재 발생!' '저쪽으로!' '건너편으로!'	'Bad Exit!' 'Door Jammed!' 'Fire!' 'Go That Way!' 'Cross Over!'

3) 탈출 지휘

- Door 양쪽에 있는 Assist Handle을 한손으로 잡고 나머지 한손으로 승객의 탈출을 지휘한다(밀려나오는 승객에 의해 추락의 위험이 있기 때문이다).

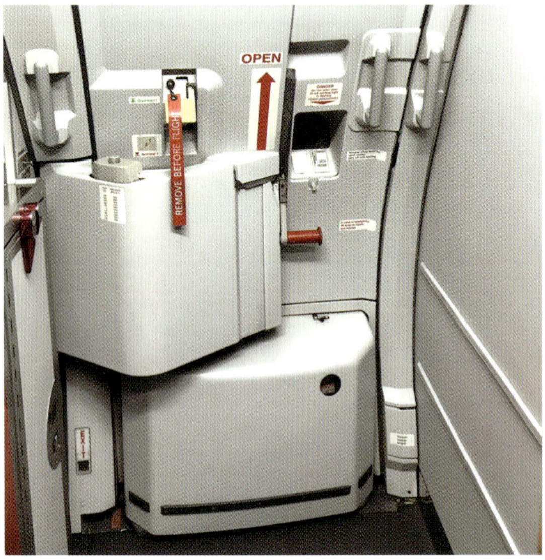

항공기 Door

항공기 Slide

- 협조자를 우선 탈출시켜 외부에서 승객의 탈출을 돕도록 한다.
- 승객들의 짐은 일체 휴대하지 못하도록 하고 뾰족하고 예리한 물건은 제거시킨다.
- 미끄럼대에 접근한 승객은 반드시 뛰어 내리도록 한다.

Shouting: 탈출 명령어

구분		명령어	Shouting
비상착륙		'양팔 앞으로!' '뛰어! 내려가!' '멀리 피해!'	'Arms Straight Ahead!' 'Jump and Slide!' 'Move Away!'
비상착수	Slide/Raft	'구명복 부풀려!' '안쪽으로!' '기어서 안쪽으로!' '앉아!' '자세 낮춰!'	'Inflate Your Life Vest!' 'Step into the Raft!' 'Crawl to the Far Side!' 'Seat Down!' 'Stay Low!'
	Slide	'구명복 부풀려!' '물로 뛰어 들어!' '헤엄쳐 가서 잡아!'	'Inflate Your life Vest!' 'Jump into the Water!' 'Swim to the Slide and Hold On!'
'저는 승무원입니다. 전방을 보세요! 손으로 저으세요! 하나! 둘! 하나! 둘!' 'I am a crew! Look at the front! Row the Raft! One! Two! One! Two!'			

비상착륙 시 상황별 사용 가능한 탈출구

- Body Gear가 파손되어 항공기가 꼬리 쪽으로 기울었을 경우: 1번 Door를 제외한 모든 Slide 사용 가능

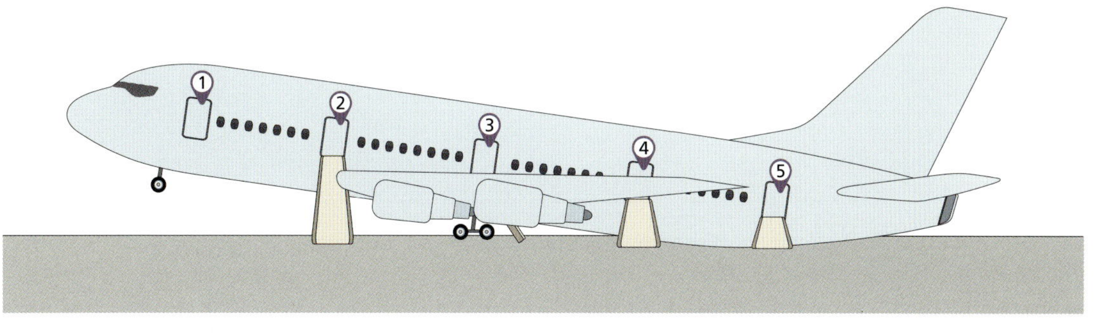

• Nose Gear가 파손되어 항공기가 앞쪽으로 기울었을 경우: 5번 Door를 제외한 모든 Slide 사용 가능

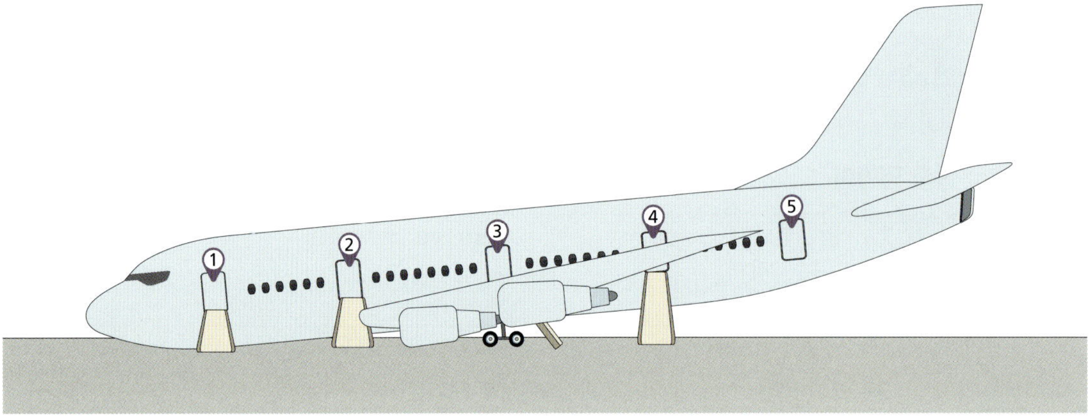

• 동체 착륙으로 모든 Gear가 파손되었을 경우: 3번 Door를 제외한 모든 Slide 사용 가능

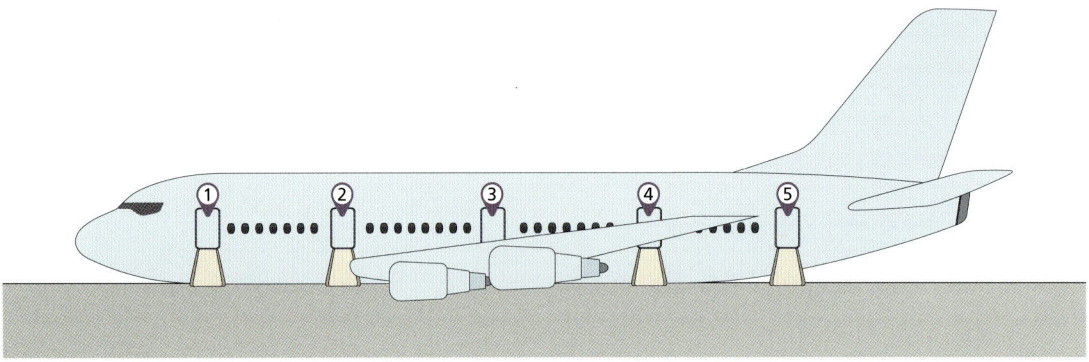

- 정상 착륙한 경우: 모든 Slide 사용 가능

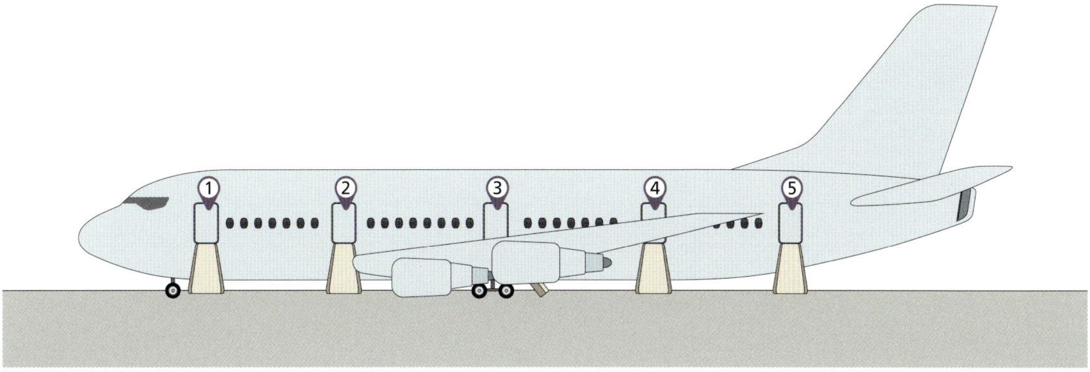

4. 승무원 탈출 및 사후 조치

- 모든 승객이 탈출하고 나면 객실 및 화장실 등에 잔류 승객이 없는지 확인한다.
- 반출품(구급상자, Megaphone, Flash Light 등)을 휴대하고 최종 탈출한다.
- 탈출 후 승객을 한 곳으로 대피시키고 비상착륙 시 기체로부터 200m 이상, 비상착수 시는 300m 이상 대피시킨 후 전문 구조요원들이 도착할 때까지 부상자 치료 및 구조 요청 등 필요한 조치를 취한다.

03 준비되지 않은 비상착륙(수)

비상착륙을 준비할 여유가 없는 급작스러운 상황이므로 첫 번째 충격을 받는 즉시 객실 승무원은 다음과 같은 조치를 취한다.

- 충격 즉시 완전한 충격 방지 자세를 취한다.
- 항공기가 완전히 정지할 때까지 Shouting을 반복하여 실시한다.
- 항공기가 완전히 정지할 때까지 충격 방지 자세를 유지한다.
- 항공기가 완전히 정지 후, 비상탈출을 결정하기 위해 비상 신호를 이용하여 기장에게 연락하거나 조종실 문을 두드림으로써 운항 승무원과 객실의 손상 및 화재 상황에 대한 연락을 시도한다,
- 기장의 탈출 지시가 있으면 신속히 Emergency Light를 켜고 항공기를 탈출한다.
- 만약 기장과의 연락이 안 될 경우 다음과 같은 경우에 한하여 객실 승무원이 비상 탈출을 스스로 결정할 수 있다.
  - 항공기의 구조적 손상이 심할 때
  - 객실 내 화재나 연기가 발생했을 때
  - 승객들이 위험한 상황에 처했을 때

Shouting: 충격 방지 자세 명령어

Shouting:	'발목 잡아!'	'Grab Ankles!'
	'머리 숙여!'	'Head Down!'
	'자세 낮춰!'	'Stay Low!'

준비되지 않은 비상사태 시 승객은 위험한 상황에 당황하여 스스로 비상구를 열고 탈출하려는 시도를 할 수 있다. 이러한 경우에는 운항 승무원 및 다른 승무원과의 신속한 소통을 통해 적절한 조치를 취해야 한다.

비상탈출이 예상되지 않는 경우

객실을 통제하고 승객을 진정시킨다.

승무원: 진정하세요! 자리에 앉으세요!
Everything is under control! Stay seated!

비상탈출이 예상되는 경우

PA나 육성으로 기다리라는 방송을 한다.

승무원: 기다리세요!
Wait!

04 비상착수

1. 비상착수의 개념

비상착수(Emergency Ditching)란 항공기가 더 이상 운항하지 못하고 바다나 호수, 강 위에 긴급 착륙하는 것을 말한다. 이 같은 비상착수는 대부분의 공항이 바다 근처에 위치해 있고 항공기 사고의 약 80%가 이착륙하는 과정에서 발생한다는 점과 비상착륙과는 달리 수면 위라는 특수한 환경으로 인해 추위 및 더위, 파도 등과 싸우며 생존해야 하므로 비상착륙 시보다 훨씬 심각한 생명의 위험을 받게 된다는 점에서 그 중요성이 인식되어야 한다.

2. 비상착수의 특성

1) 급격한 체온저하

인간이 물에 잠겼을 때 사망하게 되는 가장 큰 요인은 체온저하 현상이다. 비상

비행기 사고

구명정 사진

ⓒ 연합뉴스

착수 시 체온유지를 위해 어떠한 조치로 얼마나 오랫동안 극복할 수 있는지가 생존의 결정적인 요소가 된다.

2) 상황 대처의 어려움

비상착륙은 항공기에서 탈출하는 순간 위험에서 벗어나지만, 비상착수는 항공기에서 탈출 후, Raft 승선 및 Canopy 설치 등 객실 승무원의 신속하고 정확한 후속 조치가 필요하다.

3) 주변 환경의 위험

비상착수의 경우 생존자들은 구조대가 도착할 때까지 거친 파도, 극심한 일교차, 뜨거운 태양열 등을 이겨내야 하며, 특별한 부유물이 없는 경우 저체온증이나 익사에 의한 희생은 더욱 많아질 수 있다.

4) 신속한 구조의 어려움

비상착수의 경우 현장 구조가 실시되는 시간은 구조본부와 사고 발생지와의 거리, 날씨, 시간 등에 의해 결정되므로, 구조대가 도착할 때까지 어떻게 생존하는지가 중요한 일이라 하겠다.

체온저하 방지 자세

항공기로부터의 탈출을 완전히 했다 하더라도 구명정에서 구조대를 기다릴 수 없는 상황이라면, 항공기로부터 안전한 곳까지 수영으로 이동 후, 물속에서 시간을 보내야만 한다. 이때 저체온증으로 인한 사고를 최소화하기 위하여 헬프 자세(HELP)나 허들 자세(Huddle)를 취한다.

HELP (Heat Escape Lessening Posture)

차가운 물과 바람 등 외부 조건에 신체 노출 부위를 가능한 한 최소화하기 위한 자세를 말한다.

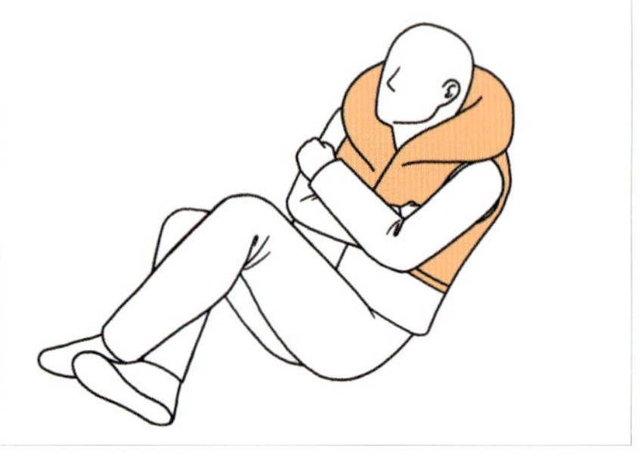

Huddle 자세

HELP 자세가 개별적인 체온유지 자세라고 한다면, 무리를 이루어 상호 신체 접촉을 높여 개별 체온을 유지 · 보호하는 형태를 Huddle 자세라고 한다. 이때 거친 파도 등에 의해 서로 떨어지지 않도록 단단히 밀착되어 있는 것이 중요하다.

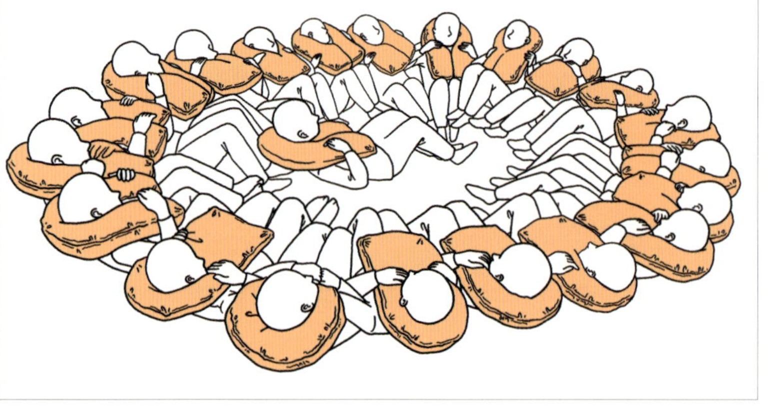

잠깐! 점검해 볼까요?

비상사태 발생 시 대응하기

1. 승객과 승무원으로 조를 나누어 '준비된 비상착륙'의 다음 절차를 수행해 보시오.

① 운항 브리핑

② 객실 승무원 브리핑

③ 승객 브리핑(순서에 따라 사무장은 방송하고 객실 승무원은 승객 브리핑을 실시한다.)

④ 협조자 선정

⑤ 객실 점검 및 고정

⑥ Galley 내 고정

⑦ 최종 점검

2. Jump Seat에 앉아 충격방지 자세를 취해 보시오.

3. 상황별 Shouting을 실시해 보시오(비상착륙/비상착수).

4. Shouting과 함께 승객 탈출을 지휘해 보시오.

상황별 안전 안내 방송하기

7

01

기내 방송의 개요

수행 준거

- 상황에 따라 안내 방송을 선택할 수 있다.
- 선택된 안내 방송을 즉시 실시할 수 있다.
- 상황 변화에 따른 추가 안내 방송을 할 수 있다.

1. 기내 방송이란?

기내 방송은 승객에게 비행 중 여행에 필요한 정보전달과 같은 서비스로서의 기능을 제공하는 한편, 비행안전 사항에 대해서는 승객을 효율적으로 통제함으로써 승객의 안락하고 안전한 여행을 보장하기 위해 실시한다. 또한 비정상 상황 발생 시 효과적인 정보전달 수단으로 활용하며, 상황과 여건에 따라 신속한 상황 판단 및 대처 능력을 발휘하여 정확하고 적절한 방송을 실시함으로써 승객의 불안감이나 항공기 비정상 상황에 대한 궁금증을 해소시키고, 승객의 알고자 하는 욕구를 충족시키는 데 있다.

2. 기내 방송의 자격

기내 방송은 해당 항공사에서 실시하는 기내 방송 자격시험에 응시하여 방송 자격을 취득한 자만이 기내 방송을 실시할 수 있다.

항공사마다 규정은 다르지만 보통은 해당 비행편의 최상위 자격 승무원이 담

© Getty Images Bank

당하게 되며 방송 사고에 대한 1차적인 책임은 방송을 실시한 담당 승무원에게 있으므로 책임감을 가지고 기내 방송이 잘 진행될 수 있도록 평소 꾸준한 연습을 해야 한다.

3. 기내 방송의 종류

기내 방송의 종류로는 운항 승무원 방송과 객실 승무원이 직접 본인의 음성으로 실시하는 기내 방송과 사전에 녹음된 상태로 기내에 장착되어 필요시 사용할 수 있는 Pre-Recorded Announcement가 있다.

4. 기내 방송 시 유의사항

- 자연스러운 방송이 될 수 있도록 담당 객실 승무원은 발음, 억양, 톤, 속도, 음량에 유의해야 하며 방송문을 잘 이해하고 암기하여 잘 읽을 수 있도록 한다.
- 기내 방송도 서비스의 일부분임을 인식하고 전 노선 모든 방송을 성심 성의껏 방송한다.
- 필요한 경우 방송 Manual에 수록된 방송 문안을 기본으로 활용, 적절한 방송을 실시한다. 그러나 너무 장황한 느낌을 주거나 예의에 벗어난 어휘의 선

택, 어색한 문구는 피한다.

- 기종별로 방송 시스템과 마이크 감도와 음량이 다르므로 PA는 Pre-Flight 체크에서 'PA Test' 방송을 반드시 실시하여 Volume이나 잡음 발생 등을 미리 점검하며, 이륙 후에도 PA 상태를 수시로 점검하여 안정적인 방송이 되도록 한다.
- 마이크와 입술과의 거리는 2cm 내외로 하고 송화기에 입술이 정면에 오도록 하여 파열음이 나지 않도록 유의하며, 음량 및 명료도가 좋은 상태가 되도록 유지한다.
- 밝게 미소 띤 표정으로 방송해야, 밝고 기분 좋은 음성을 연출할 수 있으며, 발음은 정확하게 특히 띄어 읽기와 강조해 읽기 부분을 구분하여 방송한다.
- 적당한 Pause를 유지하며 동일한 억양이 반복되지 않도록 어미 부분에 변화를 주어 방송하되 너무 멋 부리기 식의 독특한 억양이 되지 않도록 주의한다.
- 외국어 방송은 더욱 또박또박 차분히 방송하여 의미 전달이 잘 되도록 한다.
- 일반 방송은 친근하고 여유 있게 방송하고, 안전 관련 방송은 단호하면서도 정중한 느낌이 들도록 연출한다.
- 기내 상황에 대한 이해, 판단 능력이 필요하며 적절한 상황에 필요한 방송을 즉시 실시할 수 있도록 방송문의 구성을 숙지하고 있어야 한다.

모니터링 기내 방송 예문

승무원 여러분,
기내 방송을 상태를 점검하기 위한 PA 모니터링 방송입니다.
이 비행기는 ○○○○까지 가는 / ○○항공 ○○○○편입니다.
감사합니다.
모니터링 결과를 알려주시기 바랍니다.

Ladies and gentlemen,
captain [Family name] and the entire crew,
flight time/ is/ thirteen minutes/ after take off
our cabin crew will be happy to serve you in any way we can.

5. 노선별 언어 순서

노선	기내 방송 언어 순서
국내선	한국어-영어
한일 노선	한국어-영어-일본어
한중 노선	한국어-영어-중국어
미주 노선, 동남아 노선 및 기타 노선	한국어-영어-현지어

6. 편수 읽는 법

1) 한국어

숫자를 한 자리 단위로 끊어서 읽으며 '0'은 '공'으로 읽는다.

(예) 234편: 이삼사편(○), 이백삼십사편(×)

605편: 육공오편(○), 육백오편(×)

001편: 공공일편(○), 영영일편(×)

2) 영어

한국어와 마찬가지로 숫자를 한 자리 단위로 끊어서 읽으며 '0'은 'zero'로 읽는다. 단, '0'이 중간에 있는 편수는 0을 'ou'로 읽어도 무방하다.

(예) 234편: two three four(○), two hundred thirty four(×)

605편: six zero five(○), six hundred five(×)

001편: zero zero one(○), ou ou one(×)

7. PA 사용법

1) 에어버스사의 항공기 PA 사용법

- Handset을 꺼낸다.
- PTT 버튼을 누른 채로 방송을 실시한다.
- Reset을 위해서는 Reset 버튼을 누르거나 원위치에 넣는다.

2) 보잉사의 항공기 PA 사용법

- Handset을 꺼낸다.
- 해당 PA(Public Address) 번호를 누른다. (B737 기종–8번, B747 기종, B777 기종–46번)
- Handset 하단의 PTT(Push-To-Talk) 버튼을 누른 채로 방송을 실시한다.
- Reset시키기 위해서는 Reset 버튼을 누르거나 원위치로 넣는다.

B737 Handset

02

한국어 기내 방송 연습

1. 발음

발음을 분명하고 정확하게 하기 위해서는 혀와 입술과 턱의 움직임이 부드러워야 한다. 즉, 입술, 치아, 잇몸, 혀, 입천장 등의 조음기관 또는 음성기관이 발음을 하는 데 중요한 역할을 하기 때문이다.

한국어 기내 방송을 잘하기 위해서는 정확한 발음, 억양과 악센트, 띄어 읽기, 크기, 속도를 유의하며 방송한다.

1) 발음 연습

올바른 발음		
좌석 → 자석(×)	기류 변화 → 기루 변하(×)	화장실 → 하장실(×)
확인 → 학인(×)	최선 → 채선(×)	휴대전화 → 휴대저나(×)
보관 → 보간(×)	변화 → 변하(×)	전원 → 전언(×)
제공되는 → 제공대는(×)	죄송 → 재송(×)	지정된 → 지정댄(×)

'의'의 발음	
'의'가 맨 앞에 오는 경우 → '으이'로 발음	의사, 의리, 의문, 의자, 의심, 의논
'의'가 단어의 중간이나 맨 끝에 위치할 때 → '이'로 발음	협의, 문의사항, 회의, 편의점, 주의사항, 유의하시기, 문의, 강의
단어와 단어 사이에 조사로서 위치할 때 → '에'로 발음	승무원의 안내 선반 위의 승객 여러분의 탑승 비행기의 전염병의 세관의 검역 기관의

장음 연습			
보:관	언:제든지	전:자제:품	품:질
사:용	계:속해서	면:세품	항:공법
감:사합니다	유:의해 주십시오	좌:석 벨트를 매:주시고	오:전, 오:후
세:관 신고서	금:연이오니	최:선	전:원
여:실 때는	이:용	조:심	예:정하고 있으며

연음 연습	
검역 → 거멱	앉아 → 안자
열어 두시기 → 여러 두시기	부득이 → 부드기
착용해 주시고 → 차공해 주시고	넋이 → 넉씨
밭에 → 바테	반입 → 바닙
없어 → 업써	값을 → 갑쓸

2) 억양과 악센트 연습

기내 방송을 보다 편안하고 듣기 좋은 방송으로 하기 위해서는 자연스러우면서도 리드미컬한 억양과 강세가 필요하다. 그러기 위해서는 어미를 자연스럽게 변화시킬 수 있는 스킬이 필요하다.

예) 손님 여러분, (↗) 또는 (↘)
이 비행기는(→) 런던까지 가는(↗) 별님항공(→) 123편입니다.(↘)

모든 어미를 올리거나 내리는 등의 반복적인 억양은 듣는 이로 하여금 지루함과 딱딱한 느낌을 줄 수 있으므로 자연스러운 어미를 연출하기 위한 연습을 한다. 특히, '~다'로 끝나는 종결어미는 유성음을 내면서 살짝 내려놓는 듯한 부드러운 하강 억양으로 안정감 있게 마무리한다.

강조를 해야 하는 부분에서는(공항명, 편수 등의 정보 등) 조금 더 강세를 두어 또박 또박 천천히 읽음으로써 전달력을 높인다.

3) 크기와 속도

앞서서 언급한 바와 같이 기내 방송에 앞서 마이크의 음량 테스트는 필수이다. 기내 방송은 승객에게 정확한 정보 전달을 목적으로 하기 때문에, 아무리 훌륭한 방송이라도 듣기 불편할 정도의 큰 볼륨이거나 잘 들리지 않을 정도의 작은 볼륨 상태라면 좋은 방송이라 할 수 없을 것이다.

또한 방송의 속도가 너무 빠른 경우는 알아듣기 어려울 뿐 아니라 긴장한 듯한 느낌을 줄 수 있고 반대로 성의 없는 방송으로 느껴질 수 있다.

그리고 지나치게 느린 방송은 무기력하고 지루한 느낌으로 다소 답답한 방송이 될 수 있으므로 적절한 속도를 유지하도록 해야 할 것이다.

03
영어 기내 방송 연습

외국인을 대상으로 하는 방송이므로 발음을 유창하게 굴려 부자연스럽게 하기보다는 천천히 정확한 발음과 악센트로 하는 것이 좋다. 특히 'R'과 'L', 'B'와 'V', 'P'와 'F' 그리고 'TH' 발음에 유의하여 방송한다.

1. 발음

1) 'R'과 'L'

'R' 발음은 혀가 입천장에 닫지 않도록 입천장의 뒤쪽으로 말듯이 발음한다.

> recommend, during, refer, turbulence, refrain, right, remain, cooperation, morning, crew, recheck, return, remind, restrictions, ready, area, arrival, approaching, aircraft

'L' 발음은 'L'이 앞에 있을 경우 혀끝이 윗니에 닿게 하고, 'L'이 뒤에 오는 경우에는 혀끝이 윗니 뒤쪽 윗잇몸에 닿지 않은 상태로 발음한다.

> ladies, landing, liquid, flight, please, leave, meal, until, all, call, gel, close, located, limited

2) 'B'와 'V'

'V' 발음은 아랫입술에 윗니를 대고 바람을 세게 내보내는 소리이다.

> video, arrival, overhead bins, have, lavatories, prevent, provide, devices, life vest, cover

3) 'P'와 'F'

'P' 발음은 윗입술과 아랫입술을 붙여서 안쪽으로 약간 힘을 준 후 다시 입술을 열면서 숨을 내보낸다.

please, open, hope, pull, push, put, passenger, position, preparation, pocket, point, appreciated

'F' 발음은 윗니로 아랫입술을 살짝 물고 숨을 불어내며 소리 낸다.

flight, fastened, life vest, information, features, aircraft, few, for, after, refer, offering, comfort, refrain, safety

4) 'TH' 발음

'TH' 발음은 두 가지 소리로 발음된다.

무성음인 [θ]와 유성음인 [ð]로 구분되는데 [θ]는 혀의 위치를 윗니와 아랫니 사이에 혀끝이 밖으로 살짝 나오도록 놓고, 숨을 내보내며 '드-' 하는 동시에 혀를 안쪽으로 놓는다.

[ð]의 발음은 양 치아 사이에 혀끝을 입술 밖으로 나오게 한 후, 윗니와 혀 사이로 호흡이 빠져나오는 순간 혀를 안쪽으로 넣으면서 성대에 진동을 주어 '드-' 하며 떨리는 음으로 발음한다.

[θ]	[ð]
thank you	the
mouth	this/that
third	with
though	there
month	other

2. 연음

두 단어에서 앞 단어의 끝과 다음 단어의 첫마디에 자음이 만나면 앞 자음은 생략되고 뒤 자음 하나만 발음한다.

두 단어에서 앞 단어의 끝이 자음, 다음 단어의 첫 마디가 모음인 경우는 연결해서 발음한다.

자음+자음	자음+모음
must⌒be	fill⌒out
next⌒time	take⌒your
ask⌒you	keep⌒your
seat⌒belt	with⌒us
proceed⌒to	in front⌒of
bus⌒stop	turn⌒off
with⌒the aircraft	take⌒off
please⌒stow	assist⌒you
required⌒to	ask⌒you

현 | 장 | 사 | 례

"결론부터 말씀 드리자면 분명 저는 김포행 비행기를 탔는데 방송에서는 몇 분 후 인천공항에 도착한다는 기내 방송을 하더군요.
보통 그러면 다시 정정하시던데 이번엔 아니었습니다.
국내선이라 긴장을 푸셨는지……, 방송 어투도 성의 없고 내용도 실수하고……. 하지 않는 편이 나을 뻔한 거슬리는 방송이었습니다."

04

상황별 안전 안내 방송문

기내 방송은 일반 안내(서비스) 방송과 안전 안내 방송으로 구분할 수 있다. 특히 안전 관련 안내 방송을 할 경우에는 친절하면서도 단호하고 명확한 음성 연출을 함으로써 승객이 승무원의 지시에 잘 따라올 수 있도록 하는 것이 중요하다.

1. 이륙 전 안전 안내 방송문

1) Baggage Securing

손님 여러분, 가지고 계신 짐은/ 앞좌석 아래나 선반 속에 보관해 주시고,/
[좌:석] [쏘:게] [보:관]

선반을 여실 때는/ 먼저 넣은 물건이 떨어지지 않도록 조심해 주십시오.
[조:심해]

감사합니다.
[감:사]

Ladies‿and gentlemen,/ for your comfort‿and safety,/ please put‿your carry-on baggage in the overhead bins/ or under the seat in front‿of you./ When you open the overhead bins,/ please be careful as the contents may fall‿out. thank‿you.

2) Preparation for Departure

손님 여러분,

○○(도시명)까지 가는 ○○항공 ○○편,/ 잠시 후에 출발하겠습니다.
[항:공]

갖고 계신 짐은/ 앞좌석 아래나 선반 속에 보관해 주시고,/ 지정된 자리에 앉아
[좌:석] [쏘:게] [보:관]

좌석 벨트를 매 주시기 바랍니다. 아울러/ 기내에서의 흡연, 승무원의 업무를
[좌:석] [매:]

방해하는 행위 및 전자기기 사용 기준 위반은/ 항공보안법에 따라 엄격히
[전:자기기] [항:공보:안]

금지돼 있음을 알려드립니다.
[금:지]

감사합니다.
[감:사]

Ladies⁀and gentlemen,

this⁀s ○○flight ○○bound⁀for ○○[via ○○]. We will be departing soon./ Please make⁀sure/ that⁀your carry-on items⁀are stored in the overhead bins/ or under the seat in front⁀of you. Please take⁀your assigned seat and fasten your seat belt./ Also, please note/ that smoking,/ disturbing cabin crew/ and using non-approved portable electronic devices are all strictly prohibited/ according to the Aviation Security Laws./

Thank⁀you.

3) Welcome

손님 여러분, 안녕하십니까?

저희 ○○항공은/ 여러분의 탑승을 진심으로 환영합니다. 이 비행기는/
[저히] [항:공]

○○까지 가는/ ○○항공 ○○편입니다.

목적지(중간도착지)인 ○○까지 예정된 비행시간은/ 이륙 후 ○○시간
[예:정] [이:륙]

○○분입니다.

오늘 ○○○ 기장을 비롯한 저희 승무원들은/ 여러분을 정성껏 모시겠습니다.
[저히]

출발을 위해/ 좌석 벨트를 매주시고/ 등받이와 테이블을 제자리로
[매:] [등바지]

해 주십시오.

그리고 휴대전화 등 전자기기는/ 무선통신 기능이 꺼진 상태에서 사용하실 수
[전:화] [전:자기기]

있으며,/ 노트북 등 큰 전자기기는/ 좌석 하단 또는 기내 선반에
[전:자기기] [좌:석][하:단]

보관해 주시기 바랍니다.
[보:관]

비행 중 여러분의 안전을 담당하는 안전요원인/ 승무원의 지시에 협조해 주시기 바라며,/ 계속해서 기내안전에 관해 안내해 드리겠습니다.
[계:소캐서] [안:내]

잠시 화면(승무원)을 주목해 주시기 바랍니다.
[잠:시] [화:면] [주:목]

Good morning(afternoon/evening), ladies⁀and gentlemen,/ captain [Family Name] and the entire crew/ are please⁀to welcome⁀aboard [항공사명]./ This is flight ○○ bound⁀for ○○[via ○○]./ Our flight time to ○○ toady/ will be ○○ hour(s) and ○○ minute(s)./ During the flight,/ our cabin crew will be happy to serve⁀you in any way we can./ To prepare for departure,/ please fasten your seatbelt and return your seat and tray table to the upright position./ You are allowed⁀to use your electronic devices during the flight/ as long as they are set to flight mode./ However,/ larger devices such as laptop computers/ must⁀be stored under your seat/ or in the overhead bins during take off and landing./ Please fully cooperate with cabin crew/ who act⁀as safety officers during the flight./ And for your safety,/ please direct⁀your attention for⁀a few minutes to the video screens/(cabin crew) for safety information.

4) Safety Demonstration

계속해서(지금부터) 이 비행기의 비상구 위치와/ 비상 장비 사용법에 대해 안내해 드리겠습니다. 잠시 주목해 주시기 바랍니다.
[안:내] [잠:시] [주:목]

이 비행기의 비상구는 모두 ○○개로 좌우에 각각 있습니다.
[비:상구]

좌석 벨트 사인이 켜지면 좌석 벨트를 매 주십시오.
[좌:석] [좌:석]

벨트는 버클을 끼워 허리 아래로 내려서 조여 주시고/ 풀 때는 덮개를
[덥:깨]

들어 올리면 됩니다.

산소마스크는 선반 속에 있으며/ 산소 공급이 필요한 비상시에 저절로
[쏘:게]

내려옵니다.

마스크가 내려오면 앞으로 잡아당겨 코와 입에 대시고/ 끈으로 머리에 고정하여 주십시오.

도움이 필요한 동반자가 있을 때는/ 먼저 착용하신 후 도와 주시기 바랍니다.

여러분의 좌석(또는 팔걸이) 아래에 있는 구명복은/ 비행기가 바다에 내렸을
[좌:석]

경우 사용하시게 됩니다.

착용할 때는 머리 위에서부터 입으시고, 양팔을 끼운 다음/ 끈을 아래로 당기십시오.

노란색 손잡이를 양옆으로 잡아당겨 몸에 맞도록 조절해 주십시오.

구명복은 기내에서 부풀지 않도록 유의해 주시고/ 부풀릴 때는 탈출 직전 비상구 앞에서 붉은색 손잡이를 당기시면 됩니다.

충분히 부풀지 않을 때는 양쪽의 고무관을 힘껏 불어 주십시오.

보다 자세한 사항은 앞좌석 주머니에 있는 안내문을 참고하시기 바랍니다.

아울러 안내문에 설명된 바와 같이/ 항공기 내에서의 흡연은 엄격히 금지되어
[금:지]

있음을 알려드립니다. 감사합니다.
[감:사]

Ladies⁀and gentlemen,/

we will now show you the safety features⁀of this⁀aircraft./ Please direct⁀your⁀attention for⁀a few minutes to the cabin for safety information./ There⁀are ○○ emergency exits on both⁀sides⁀of the aircraft./ When the seat belt sign⁀is⁀on,/ please fasten your seat belt./ To fasten the seat belt,/ insert⁀the link into the main buckle/ and tighten the strap across⁀your hips⁀securely./ To release the seat belt,/ raise the flap⁀of the buckle./ Your oxygen mask⁀is in the overhead compartment/ and it will drop automatically when needed./ When the mask⁀appears,/ pull the mask toward you,/ and cover your nose⁀and mouth,/ then adjust⁀the elastic head band./ Please put⁀your mask⁀on first,/ and⁀then help somebody who may need⁀your assistance./ Your life⁀vest⁀is located under your seat (or beside your seat)./ To put the vest⁀on,/ slip⁀it over your head,/

then adjust⌒the straps around⌒your waist./ To inflate⌒the vest/ pull the red⌒tabs down in front⌒of⌒an exit door/ just before leaving the aircraft./ You can also inflate⌒it/ by blowing into the tubes./ For further information,/ please refer to the safety information card in your seat pocket. Also,/ we'd like to remind⌒you/ that smoking is strictly prohibited during the flight.

5) 경유지에서 재탑승하지 않은 T/S 승객의 수하물 하기

손님 여러분,
지금 저희는 이곳에서 내린 후 다시 탑승하지 않고 있는 손님의 짐을 내리고 있습니다.
이는 안전한 여행을 위한 필수적인 조치입니다.
약 ○○분 후에(잠시 후에/작업이 끝나는 대로) 출발하겠습니다.

Ladies and gentlemen,
we have been informed that several transit passengers have missed the scheduled boarding time for the flight. For security reasons, their checked baggage must be off loaded before our departure.
We expect to depart in about ○○(a few) minutes. (We will depart as soon as this procedure is complete.)
Thank you for your understanding.

6) 기내 난동 승객 발생

손님 여러분,
지금 일부 손님의 탑승 안전 문제로 출발이 지연되고 있습니다.
잠시 후에 출발하겠으니 양해해 주시기 바랍니다.

Ladies and gentlemen,
due to some trouble with one of our passenger's security concern today, we are having some delay in our departure.
We expect to depart in a few minutes.

2. 이륙 후 안전 안내 방송문

1) 좌석 벨트 상시 착용

손님 여러분, 방금 좌석 [좌:석] 벨트 표시등이 꺼졌습니다. 그러나 비행기가 갑자기 흔들리는 경우에 대비해/ 자리에서는 항상 좌석 [좌:석] 벨트를 매시기 바랍니다. 그리고 선반을 여실 때는/ 안에 있는 물건이 떨어지지 않도록 조심 [조:심]해 주십시오. 아울러, 여행하신 누적거리에 따라/ 다양한 혜택을 드리는 ○○항공에 대한 정보는/ 기내지를 참고해 주시고, 회원 [회:원] 가입을 원하시는 분은 승무원에게 말씀 [말:씀]해 주시기 바랍니다.

Ladies⁀and gentlemen,/
the captain has turned⁀off the seatbelt sign./ We recommend that you keep⁀your seatbelt fastened while seated./ Please be careful when opening the overhead bins/ as the contents may have shifted during the flight./ [상용고객 우대 프로그램] is [항공사]'s frequent flyer program/ that provides⁀our valued customers with travel awards⁀and special benefits./ For further information,/ you may refer to the magazine in your seat pocket./ If you wish to join, please contact⁀our cabin crew.

2) Turbulence

손님 여러분,

1. 비행기가 흔들리고 있습니다.
2. 기류 [기:류]가 불안정합니다.

좌석 [좌:석] 벨트를 매 [매:]주시기 바랍니다.

Ladies⁀and gentlemen,/
please fasten your seatbelt due to turbulence.

3) 기내 흡연

안내 말씀 드리겠습니다.
기내에서의 흡연, 특히 화장실 안에서 담배를 피우시는 것은 비행기의 안전을 직접 위협할 수 있으며, 항공안전 및 보안에 관한 법률에 따라 엄격히 금지돼 있습니다. 손님 여러분의 안전하고 쾌적한 여행을 위한 기내 금연 규정에 적극 협조해 주시기 바랍니다.
감사합니다.

Ladies and gentlemen,
for safety reason, aviation law strictly prohibits smoking on the airplane, including in the lavatories.
Thank you for your cooperation.

4) 기내 화재

손님 여러분,
지금 비행기 내에 작은 화재가 발생하여 저희 승무원들이 진압하고 있습니다.
저희 승무원들은 이런 경우에 대비하여 잘 훈련돼 있습니다.
손님 여러분께서는 동요하지 마시고 침착하게 승무원의 지시에 따라 주시기 바랍니다.

Ladies and gentlemen,
a minor fire has broken out in the cabin, but it is now under control.
Please do NOT be alarmed.
We ask you to please follow the instructions of our cabin crew, well trained for this type of situation.
Thank you for your cooperation.

5) 폭발물 위협: 정보 입수

공항 안내기관에 의해 비행기 보안 점검이 실시되겠습니다.
손님 여러분께서는 보안요원의 점검이 진행되는 동안 자리에서 잠시 기다려 주시기 바랍니다. (손님 여러분께서는 지금부터 비행기에서 내리셔서 보안요원의 점검이 진행되는 동안 공항 라운지에서 기다려 주시기 바랍니다.)

그리고 가지고 계신 짐은 모두 가지고 내려 주십시오. (그리고 가지고 계신 짐은 기내에 두고 내려 주십시오.) 자세한 사항은 다시 알려드리겠습니다.
감사합니다.

Ladies and gentlemen,
we have been advised by the airport authorities that extensive security check of the aircraft is required.
We kindly ask you to remain seated until the security check is complete. (We kindly ask you to deplane and wait in the terminal until the check is complete.)
Please keep your personal belongings with you when you deplane. (Please leave all your baggage on board when you deplane.) We regret this inconvenience and will keep you informed.
Your cooperation will be appreciated.

3. 비상사태 시

1) Depressurization

비상강하 중!
벨트를 매고 마스크를 코와 입에 대십시오.

Attention!
Emergency descent!
Fasten your seat belt!
Put the mask on your nose and mouth!

2) 비상착륙(수): 준비되지 않은 비상사태

긴급사태가 발생했습니다.
지금부터 긴급 착륙(착수)하겠습니다.
좌석 벨트를 매십시오.
양팔을 엇갈리게 하여 앞좌석 상단에 갖다 대십시오.
머리는 팔에 대십시오.

Attention!

This is an emergency landing(ditching).

Fasten your seat belt.

Cross your arms and put them on top of your front seat.

Lean forward and put your head into your arms.

3) 비상착륙(수): 준비된 비상사태

손님 여러분, 주목해 주십시오.

긴급 사태가 발생했습니다.

이 비행기는 약 ○○분 후에 비상착륙(수) 하겠습니다.

저희 승무원들은 이러한 상황에 대비하여 충분한 훈련을 받았습니다.

침착해 주시고 지금부터 객실 승무원들의 지시에 따라 주십시오.

Ladies and gentlemen, we need your attention.

We will have to make an emergency landing(ditching) in about ○○minutes.

We are trained to handle this situation.

Remember calm and follow the instructions of your cabin crew.

Crosscheck.

[모든 승무원이 방송에 맞춰 승객 안내를 제대로 하고 있는지 서로 점검하는 의미로 문장 마지막마다 Crosscheck를 한다.]

4) Catering Item 수거 및 승객 좌석 점검

저희 승무원들이 여러분의 좌석으로 가게 되면 수거하기 쉽도록 식사 Tray나 빈 캔 등을 통로 쪽으로 내놓아 주십시오.

좌석 등받이를 지금 바로 세워 주시고 Traytable은 닫아 주십시오.

(발 받침대와 개인용 Video를 제자리로 해주십시오.)

When the cabin crew come to your row, pass your food tray and all other service items to the aisle for pick up.

At this time, bring seatbacks to the upright position and stow all traytables. (Stow footrest and in-seat video units.)

Crosscheck.

5) 위해 물품 제거 및 수하물 정리 보관

펜이나 장신구 같은 날카로운 물건을 모두 치워 주십시오.
스파이크가 박힌 신발 및 하이힐은 벗으십시오.
넥타이나 스카프와 같은 느슨한 물건들은 풀어 주십시오.

Remove all sharp objects such as pens and jewelry.
Also remove loose objects such as neckties and scarves.
Remove spike heeled shoes.

6) 비상착수 시

신발을 모두 벗으십시오.
벗은 신발은 소지하신 가방, 좌석 밑이나 선반 안에 넣으십시오.

Remove all shoes.
Put them in carry-on baggage, under the seat or in the overhead bins.

풀어낸 모든 물건은 소지하신 가방 안에 넣으십시오.
착륙 전에 안경은 벗어서 양말이나 상의 옆 주머니에 넣으십시오.
앞좌석 주머니 속에는 아무것도 넣지 마십시오.
모든 소지하신 짐은 좌석 밑 또는 선반 속에 넣으십시오.
객실 승무원들이 통로에서 여러분을 도와 드리겠습니다.

Put all of these items in carry–on baggage.
Remove eyeglasses before landing and put them in your sock or a side pocket.
Do not put anything in the seat pocket in front of you.
Put all carry-on items under the seat or in the overhead bins.
Cabin crew will be in the aisle to assist you.
Crosscheck.

7) Safety Information Card 내용 숙지 안내

앞좌석 주머니 속에서 Safety Information Card를 꺼내어 좌석 벨트, 충격 방지 자세, 구명복(비상착수 시), 탈출구 위치 및 탈출구 작동법을 재확인하십시오.

저희 승무원들이 통로에서 여러분을 도와드리고 질문에 답해 드리겠습니다.
주목해 주셔서 감사합니다.

Take the Safety Information Card from the seat pocket in front of you and review seatbelt operation, bracing position, life vest operation(ditching only), exit operation.
Cabin crew will be in the aisles to assist you and answer any question.
We thank you for your attention.
Crosscheck.

8) 협조자 모집 방송문

손님 여러분,
여러분 중에 항공사 직원, 경찰, 소방관 또는 군인이 계시면 승무원에게 알려주시기 바랍니다.
여러분의 도움이 필요합니다.

Ladies and gentlemen,
if there are any airline employees, law enforcement, fire rescue or military personnel on board, please identify yourself to the cabin crew.
We need your assistance.
Crosscheck.

9) 승객 좌석 재배치

손님 여러분.
탈출을 용이하게 하기 위하여 몇 분 손님에게 좌석 변경을 요청하겠습니다.
여러분께서는 저희들이 요청할 때까지 좌석에 그대로 계시기 바랍니다.

Ladies and gentlemen,
we will be asking some of you to change seats to better help those needing assistance or to be closer to an exit to help evacuate.
Please remain seated unless you are asked to move.

10) 객실 조명 조절

손님 여러분.

외부 밝기에 적응하기 위하여 기내의 조명을 어둡게 하고 있습니다.

Ladies and gentlemen,

we are dimming the cabin lights so your eyes can adjust to the outside lighting.

잠깐! 점검해 볼까요?

01
기내 방송의 개요

1. 기내 방송 시 유의사항을 알아보시오.

2. 기내 방송 시 편수 읽는 법과 PA 사용법을 익혀 보시오.

02
한국어 기내 방송 연습

1. 한국어 방송을 위해 발음 연습을 하고 억양, 강세, 성량, 속도에 유의해서 방송문을 읽어 보시오.

03
영어 기내 방송 연습

1. 영어 방송을 위해 유의해야 할 발음, 연음에 주의하여 방송문을 읽어 보시오.

04
상황별 안전 안내 방송문

1. 상황에 알맞은 기내 안전 안내 방송을 선택하여 시연해 보시오.
   ① 이륙 전 안전 안내 방송문
   ② 이륙 후 안전 안내 방송문
   ③ 비상사태 시 안내 방송문

2. 상황 변화에 따른 추가 안내 방송을 시연해 보시오.